敦煌守望四十天

蒋 理 ｜ 著

中华书局

图书在版编目（CIP）数据

敦煌守望四十天/蒋理著. —北京：中华书局，2022. 7
（2023. 8 重印）
ISBN 978-7-101-15738-3

Ⅰ. 敦… Ⅱ. 蒋… Ⅲ. 敦煌学–通俗读物 Ⅳ. K870. 6-49

中国版本图书馆 CIP 数据核字（2022）第 078882 号

窟内相关图像资料由敦煌研究院提供

书 名	敦煌守望四十天	
著 者	蒋 理	
责任编辑	吴艳红	
封面设计	许丽娟	
责任印制	管 斌	
出版发行	中华书局	
	（北京市丰台区太平桥西里 38 号 100073）	
	http://www.zhbc.com.cn	
	E-mail:zhbc@zhbc.com.cn	
印 刷	天津图文方嘉印刷有限公司	
版 次	2022 年 7 月第 1 版	
	2023 年 8 月第 3 次印刷	
规 格	开本/920×1250 毫米 1/32	
	印张 11¾ 字数 300 千字	
印 数	11001-14000 册	
国际书号	ISBN 978-7-101-15738-3	
定 价	76. 00 元	

目　录

我以我心荐敦煌

常言道：地不爱宝。那些深藏于地下的文物，时常被有意无意地翻出地面。于是，多少年深藏不露的宝贝，就在重见天日的那一刻，改变了人们的认知世界。

20世纪初，敦煌莫高窟藏经洞的发现，又何尝不是如此呢！它被发现的神奇经历，已成了我们熟知的历史故事。我不想追忆那段令人不堪回首的往事，我想说的是，这一偶然的发现，却让全世界把关注的目光再度投向已经沉寂了几个世纪的中国西北边陲小县——敦煌，并且由此产生了让各国学者百余年不断追捧的一门学问——敦煌学。

这里曾是一块被历史特别眷顾的地方，也曾是一块被历史深深遗忘的地方。当敦煌石窟中那些充满着色彩与韵律的象征符号，再次回响着中古文明的乐章的时候，敦煌文化终于站在了人类文化遗产的行列中，向全世界展示着它的光辉灿烂。1972年，联合国教科文组织通过了《保护世界文化和自然遗产公约》；13年后，中国成为这个公约的缔约国；两年后的1987年，莫高窟以无可争辩的实力，当之无愧地被列入世界文化遗产名录。

于是，敦煌成为人们心中的文化圣地，无论国界，无论种族，无论地域；成为人们心中的"打卡"地，也成为人生当中必去的规划之一。

为什么是敦煌？为什么要去敦煌？无论是去过敦煌还是向往敦煌，每个人心中都会有一个共同的答案。

以莫高窟为代表的敦煌石窟，是世界现存规模最大、延续时间最长、内容最丰富、保存最完整的艺术宝库。它和藏经洞出土文献一起成为研究中国古代各民族政治、经济、军事、文化、宗教、艺术的珍贵史料，是世界文化中独一无二的文化遗产。

敦煌石窟丰富的壁画、彩塑和藏经洞出土文献，记录了我们的先民对生活的态度和对艺术的理解，展示了不同时代、不同民族、不同地域的人们的信仰和追求。它所展示的哲学思想、人文精神、价值理念、道德规范等，蕴含着中华民族的文化精神、文化胸怀，是中华民族文化自信的历史表征。

敦煌，是古代丝绸之路上中华文明与世界几大文明体系发生碰撞的前沿，它不仅是历史上东西方贸易的中转站，也是东西方文化的交汇之地。以敦煌石窟及藏经洞出土文献为代表的敦煌文化，留下了4至14世纪丝绸之路沿线多民族的文化交流、互鉴和融合的足迹。中华民族以海纳百川、开放包容的广阔胸襟，不断吸收借鉴域外优秀文明成果，造就了独具特色的敦煌文化和丝路精神，因而跨越了时空和地域，具有了世界意义，当之无愧地成为世界文化遗产，也成为中华民族优秀传统文化的代表。

敦煌的伟大，在于它无与伦比的价值，还在于漫漫时光长河中一代又一代人的守护和传承。

塞纳河畔，只看了一眼，就让他魂牵梦绕，义无反顾地奔向敦煌；嘉陵江边，只听了一声召唤，就让他出蜀入陇，毅然决然地扎根大漠。从常书鸿到段文杰，一代一代的敦煌艺术研究者，从临摹走向研究，把敦煌石窟艺术写进中国美术史。石窟中的色彩和形象，激励着他们追寻中国艺术的传承创新；壁画里的霓裳羽衣，吸引着他们寻觅那个时代的开放与包容。远离了都市的喧嚣，他们的志向更加坚定；行走在莫高窟的月光下，他们的心灵更加宁静。他们心无旁骛，风雨兼程地耕耘在敦煌学的学术园地。九层楼的铁马叮咚，伴着他们在石窟考古的脚步；丝绸之路上的声声驼铃，和着他们笔耕的轨迹。

他们是一群痴心不改的石窟保护者。为了留住敦煌石窟昔日的辉煌，让莫高窟重现往日的青春，他们守着石窟，就像守护着自己的身体。哪怕是轻微的磕碰，也会牵动他们敏感的心灵；他们眼中的壁画塑像，不再是历经沧桑的古代文物，而是一个个鲜活的生命。日复一日，年复一年，从青春少年到华发满头，敦煌石窟在他们的呵护下安然无恙，壁画塑像在他们的守护中再现辉煌。

70多年间，以常书鸿、段文杰、樊锦诗为代表的一代又一代莫高窟人，肩负着历史的使命，怀揣着光荣的梦想，坚守在风沙弥漫的茫茫戈壁，铸就了"坚守大漠、甘于奉献、勇于担当、开拓进取"的莫高精神。

这是中国精神的敦煌表达，是一代代莫高窟人特有的家国情怀。

这样一种情怀，这样一种精神，难道不值得我们为它做点什么吗？

于是，就有了"敦煌文化守望者"计划。

"敦煌文化守望者"是一个全球志愿者派遣计划，是以文化保护与传播为目标的知识赋能型文化公益行动，由敦煌研究院、上海交通大学、中国敦煌石窟保护研究基金会、上海交通大学文化发展基金联合发起。项目每年在全球范围内招募来自各个领域的十名志愿者，在莫高窟进行为期四十余天的体验式培训与上岗，参与莫高窟各项保护与传承工作，并通过专业化培训实现莫高窟需求与文化志愿者能力的精准匹配，进而推动文化遗产的保护、传播与创新。

蒋理先生是苏州甪直古镇光影墅文化空间的创始人。2021年5月，蒋理幸运地作为第三期"敦煌文化守望者"，和来自全球的其他九位志愿者一起，在敦煌进行了为期四十天的生活学习。如同赴一场久违千年的约会，与敦煌的相遇，让他渴望、激动，而又理性、沉稳。他和他的同伴们用心感悟敦煌的每一块壁画、每一段文字、每一处风景、每一个故事，他抑制不住内心的激动，用日记的形式，记下了在敦煌每一天的感悟和收获。他希望通过分享，让更多的人记住敦煌，记住莫高窟。他在日记中告诉我们：

> 我想让他们看得到千年之前，我们的先辈是如何平凡生活着的，并以此为傲；我想让他们感受得到洞窟背后的历史风云，并以此为鉴；我想让他们欣赏到千年之间艺术的流变，并以此为美；我想让他们能够体会到那种忘我甚至自我牺牲的精神，并以此为援；我更希望能够帮助他们发现敦煌与自身的联系，感觉到敦煌的温度，并以此为起点，心灵脱缰而去，自由驰骋于千里之外，千年之间。

我想，蒋理先生做到了。我在他的日记里，回望了他们在敦煌的守望生活，体验了敦煌四十天给他的影响，分享了他的所思所想、所感所悟。我也期待看到他日记的朋友们，能和我一样，分享他在敦煌的心路历程。

我常常想，或许每一个到过敦煌的人，心中都会有一个不一样的敦煌，但每一个有情怀的人，都会对敦煌充满深深的敬畏，倾注全部的真情。读罢蒋理先生的日记，再一次印证了我的这一想法。

这又让我想起樊锦诗先生在《我心归处是敦煌》里讲到的一个关于守护敦煌终极意义的比喻。樊先生说，这么多的人来到敦煌，守护莫高窟，他们对敦煌石窟艺术的热爱和对这份事业的执着，在某种程度上和佛教信仰者的修行有些相似：

> 佛教的布施有"财布施""法布施""无畏施"。如果从佛教"布施"角度来看的话，敦煌莫高窟的保护事业，超越世俗的名利，在困境中保持从容，也是一种"法布施"和"无畏施"。敦煌在西北荒漠，远离城市的繁华。莫高窟是一片净土，是不可复制的人类遗产。在此工作的人肩负文化的使命，需要很高的修养，有为有不为，是为"持戒"；莫高窟人坚守着大漠，在这个过程中还可能受到指责，有时还可能要应对不公正和不合理的待遇，是为"忍辱"；凡是对莫高窟有利的工作，当仁不让，尽力去做，是为"精进"；画家们几十年如一日地临摹壁画，专注于线条和笔触，以守一不移的心态应对快速发展的世界和外界的诱惑，是为"禅定"；博览群书、提升学识、涵养心性、磨炼心智、度化方便、圆通万事，从个体人生的无明和烦恼中走向智慧和觉悟的人生，不正是"般若"境界的追求吗？（樊锦诗口述，顾春芳撰写《我心归处是敦煌》，南京：译林出版社，2019年，434—435页）

这不正是对"莫高精神"的另一种阐释吗？

1963年，一位来自江南水乡的北大毕业生，来到了戈壁沙漠中的敦煌文物研究所，从此她一生坚守大漠，致力于敦煌石窟的保护和研究。她的心血尽付与敦煌，敦煌早已融入她的生命。

2019年7月，她在写给北京大学新生的亲笔信里说："北大的精神和学风、敦煌石窟的重要和我的责任，激励我全身心投入敦煌石窟的保护、研究、弘扬事业，暗下决心要把敦煌莫高窟建设成为名符其实的世界遗产博物馆。我几乎天天围着敦煌石窟转，不觉寂寞，不觉遗憾，因为值得。"

她曾说："如果我死时让我留一句话，我就留这句：我为敦煌尽力了。"这是她对自我举重若轻的总结，也是她为敦煌鞠躬尽瘁的决心与底气。

她的名字叫：樊锦诗。

于是，我懂了，我们守护敦煌的终极意义究竟是什么。

今天，为了将这份宝贵的遗产传承有序、发扬光大，我们发起了"敦煌文化守望者"全球志愿者派遣计划。"敦煌文化守望者"项目已举办三期，30位优秀志愿者在敦煌经历严格培训和体验式上岗之后，回归各自生活，成为了宣传敦煌、传播敦煌的星星之火。所有的敦煌文化守望者们都在用自己的方式，努力完成着对敦煌的承诺，实践着敦煌的精神，不断延续着他们守望敦煌的行动。我知道，蒋理先生也规划并实践着他对敦煌的承诺：

> 我希望回到苏州后，首先将光影墅文化空间打造成为"敦煌文化驿站"，通过敦煌书籍、公益分享、文创手作、启蒙课程等方式，让来到这里的人都能够接触并了解敦煌文化；其次，因为"在敦煌寻找江南"收获颇丰，我期待能有

机会以此为主题，策划一次特别展览，将我所发现的江南与敦煌之间或明或暗的联系，精彩曲折的故事，都展示给大家，让所有人可以看见两种文化的互动与交融，也看见平凡而不平庸的人生。

我作为"敦煌文化守望者"计划发起方代表之一，有幸参与了三期"敦煌文化守望者"活动的全过程，见证了包括蒋理先生在内的30位守望者在敦煌的生活。我也是一名敦煌文化的守望者，我从内心感谢他们对敦煌的一片公益之心，感谢他们和我们一起守望敦煌，守护浩瀚沙漠中的文明奇迹。悠悠岁月，时光荏苒，各位亲爱的守望者伙伴，我们因敦煌相聚在此，敦煌也将因各位而更加美好。

杨秀清

敦煌研究院研究员

中国敦煌石窟保护研究基金会理事长

做个敦煌有缘人

　　"敦煌文化守望者"第三期学员蒋理告诉我，他的日记体新作《敦煌守望四十天》即将出版付印，听到这个好消息，我真为他感到高兴。

　　蒋理在敦煌四十天的学习、工作中，坚持每日一更他的微信公众号，写下他的所见、所学、所思和所感，还有他的研究。那段时间常在微信朋友圈里读到他的日记，可以说篇篇精彩，佳句连连，足见其文字功底。现在要成书了，作为项目主办方和拥趸，借此机会聊聊我个人读此书的感受。

　　这不仅是一本日记，也是一本历史文化读本。如书中所记第二天题为《丝绸之路》的日记里，作者记叙了探访玉门关的情景，并引用了与此相关的四首唐诗，有王之涣那著名诗句"春风不度玉门关"的《凉州词》、戴叔伦的《闺怨》、王昌龄的《从军行》七首之四和岑参的《玉关寄长安李主簿》。在他描绘的场景下，重温这些小学时就读过的千古绝句，让人内心升腾起强烈的历史厚重感。

这样的引用仿佛是作者穿越时空，带领读者领略到历经千年风霜的历史和文化。通读全书，这样的引经据典，俯首可拾。

这不仅是一本日记，又是一本散文诗集。如书中所记第十六天题为《五代61窟：五台佛光》的日记里，作者在简要描述了莫高窟最大的壁画《五台山图》后，笔锋一转，特意把视角对准了壁画中的小人物：

> 有农夫正在推磨铡草，有山人正在砍柴负薪；有店家正在屈膝迎客，有伙计正用杠子压面；有商人正在拉驴前行，有驼队正在翻山越岭；有香客正在献上供品，有信徒正在塔下跪拜；有老友路中偶遇，有新客山间问路；有人山中遇雨，有人城内小憩……

这些文字如同一首朴实无华的散文诗，把整个壁画的意境平白地呈现在读者面前，令人身临其境。"每一次在壁画之中看到这样没有名姓的小人物，我都觉得亲近。他们像极了我和身边熟识的那些平凡朋友，每一个人都在认真地生活，享受人世的欢乐，也承受凡间的苦痛，创造着人间的鲜活百态"，寥寥数语深刻而准确地表达了作者对"小人物"生活状态的个人关注与人文情怀。

这不仅是一本日记，还是一本研究笔记。在这四十天里，作者还达成了一项个人使命，就是"在敦煌寻找江南"，他在"壁画上、典籍中、故事里，找到我的城市、生活与敦煌之间的微妙联系"。他将他的发现无一遗漏地记录在了这本日记中，读来让来自江南的文化爱好者从此不再感到敦煌的遥远，如同书中所记第九天题为《初唐323窟：壁上江南》的日记里作者所说的那样："敦煌并不是那么高冷与遥不可及，早在1 300多年之前，它已经将我们生活的城市和我们先辈的身影，绘在了莫高窟的崖壁之上。"这样的研究毫无疑问拓展了敦煌文化的宽度和广度，也展示出其无与伦比的文化影响力。

这不仅是一本日记，更像是一本训练挑战营的学员报告。它记载着作者四十天中的兴奋、激动、忧虑、辛勤和成就，读来颇感积极向上，鼓舞，励志。

我们要对作者道一声谢谢！这本书完美地诠释了我们开展"敦煌文化守望者"项目的初衷：通过每一个守望者的学习、理解、感受和讲解千年洞窟艺术，乃至以此为素材再创作和传播，将中华传统文化的经典以普通人更易理解和传播的方式加以传承和发扬光大。

陆　强

上海交通大学文化发展基金常务理事

山河小城

已过了晚上9点，敦煌依然天色明亮。和新认识的几位守望者伙伴围坐在禾园客栈后院的百年杏树下，乘凉饮茶，谈论过往，憧憬未知，仿佛是久别重逢的老友。树梢上挂满了敦煌名物李广杏，只是还青涩坚硬，等待着阳光的养育，就如同初到敦煌的我们。禾园主人何叔说，在四十天的守望生活结束前，应该能赶上这一年一度的美味。

鸣 沙 山 下

当我偶尔将目光从谈笑现场抽离出来投向远方的时候，总能看到高大起伏的沙丘在夕照之中闪烁着。何叔说那就是鸣沙山。这座山是敦煌城的地标。唐代的《沙州图经》中曾描述："其山流动无定，峰岫不恒。俄然深谷为陵，高崖为谷，或峰危似削，孤岫如画。"《元和郡县图志》则记载："其山积沙为之，峰峦危峭，逾于山石，四周皆为沙垄，背有如刀刃，人登之即鸣。"由于它独特的风光与奇异的声响，城郭曾经几度以之为名——前凉时期，敦煌郡改称沙州；北周时期，敦煌县又改称

▲ 鸣沙山自古就是敦煌城的地标，目前也是莫高窟之外最受游客喜欢的目的地。沙丘之后依然是沙丘，但永无终点的攀登让生命因此而无比丰盈。

鸣沙县。鸣沙山的存在也时刻提醒着人们：这是一座身处于大漠与戈壁之中的城市，一切生长都是如此不易，而那些繁华又是多么难得。

我的视线没有长时间停留在这些迷人的曲线上，而是随其起伏一路往东疾驰而去。因为心心念念的莫高窟，就高悬在鸣沙山最东端的断崖之上——1 655年之前，乐僔和尚在那里开凿了第一个洞窟。明天，我们就将在莫高窟正式开启守望生活，期待在这四十天中，能有机会亲手打开那些千年的洞窟，让第一缕光照见诸天神佛。一想到这景象，又心痒难耐了，就如同有鸣沙山的黄沙源源不断地流过心间。

党 河 清 波

曾经以为鸣沙山下的敦煌城一定无比干涸与苍凉，但没想到这里清流纵横，浓绿如云，恰似一块温润的璞玉。我们居住的禾园客栈甚至就在一片茂密的杨树林深处。而这一切都源于党河的馈赠。

河流发源于祁连冰川，切穿鸣沙山，源源不断带来雪水。而聪明勤劳的敦煌人又充分利用了党河之水广修灌渠。据说早在唐代，敦煌地区已经形成了以甘泉水（党河）为主渠的水利体系，阳开渠等七大干渠贯穿全城，百余条支渠如同叶脉向各处伸展开去，滋润万物，让茫茫戈壁中绿洲永不凋零。

从客栈往西，顺着林荫道步行几分钟，便可以见到党河。夜谈之前，我们刚刚去了河边散步。对位于极度干旱的戈壁之中的河流来说，尾部的逐渐萎缩几乎就是它们的宿命，党河也是如此。曾经作为疏勒

▼ 从鸣沙山上望去，敦煌城内一片郁郁葱葱。

河最重要的支流，它今天已经很难与之汇流。即便流经敦煌市区的这一段，水量也极小。敦煌人用了最大的敬意，筑坝蓄水，在主城区留住了党河清波。

岸边修筑了不少古风建筑，白马塔大桥上飞天起舞。沿河而行的时候，看见灯火迷醉，波光明灭，我也几度恍惚，仿佛不是置身大漠，而是千万里之外的江南。市民在河畔聊着新闻，游客在闪光灯中留下影像，而我们这群介于生活与旅行之间的守望者，更像是不同的溪流，在这一天，同时汇入了党河。

史书中的敦煌

今天的敦煌是一座舒适缓慢的小城。午后我曾独自到市中闲逛。城区不大，楼宇不高，树木成行，河流穿城而过，跟岷江边的家乡颇有几分相似。漫步街巷，看着树荫下跳舞的女孩，街边吃着棒冰的学生，突然好想骑上一辆单车，像这夏天的风一样疾驰而去，回到少年时光。

但在我看过的史书中，敦煌却是另外一副模样。东汉学者应劭在注释《汉书·地理志》时写道："敦者，大也；煌者，盛也。"《后汉书·郡国志》引《耆旧记》说敦煌为"华戎所交，一都会也"。虽然现代学者倾向于认为"敦煌"二字源于少数民族语言，但这些古代典籍之中的诠释却让我们看到：历史深处的敦煌确是一座繁华都市。从张骞出使西域，汉武击溃匈奴，中原王朝在河西地区"列四郡，据两关"之后，敦煌成为中西交往的咽喉要地。无数的使团、商队、僧侣往来丝路，一定会在这座城市通关、歇脚、补给。敦煌这个中原王朝在西部最大的海关城市，逐渐发展成了著名的国际化都会。

如果能回到盛唐天宝年间的敦煌，我们会感受到繁华扑面而来。街市上店铺林立，来自世界各地的商品琳琅满目。每天有早、中、晚三次集市，各国客商们在这里用各种语言交流和交易。元宵灯会更是精彩非凡、盛况空前，民间甚至有"元宵灯会，长安第一，敦煌第二，扬州第三"的说法流传。能够力压当时富甲天下的扬州，敦煌之盛，可见一斑。

大 城 永 在

可惜的是，那座盛极一时的大城，已湮没于历史的烟尘。我去了党河西岸的白马塔，它为纪念后秦名僧鸠摩罗什骑马东来、葬马于此而建。绕塔一圈，风铎声中，十六国时期敦煌城中名僧往来、商旅云集的盛况浮现眼前。我去了鸣沙山下的雷音寺，它是依据莫高窟172窟壁画中的盛唐建筑群重建而成。盘桓其间，还能够追想唐宋之时的敦煌城，从鸣沙山至莫高窟，寺庙云集、桥梁众多、佛塔林立、信徒万千的繁华景象。对于这座城市的沧桑巨变，每个守望者都唏嘘不已。

就这样谈论着初到敦煌的所见所闻，不知不觉已是午夜，但大家似乎都没有睡意，心中憧憬着即将开启的守望生活。除了要面对严格的培训与考核，努力成为一名合格的莫高窟讲解员之外，每个守望者都怀揣着不同心愿而来：长期生活在德国的老铁想要追寻"三兔共耳"图案的秘密，他在所居住的德国帕德博恩市市徽中第一次见到这个神秘图案，却发现它最早出现在莫高窟407窟的藻井之中；书画老师杨翻计划在这里探寻莫高窟色彩之谜，他准备带回一些宕泉河的泥土和三危山的矿石，亲手创造那种持续千年的明艳；而我则希望在敦煌寻觅江南的痕迹，试图在这个琳琅满目的文化容器中找到与我生活的一

◄ 游人正在参拜敦煌城内的白马塔。这座塔始建于后秦，据说当年名僧鸠摩罗什经丝绸之路东去长安译经传道，行至敦煌时，所乘白马死于此地，佛教信徒们便建白马塔以示纪念。现塔为清道光二十五年（1845年）重建，呈现喇嘛塔风格。

些微妙联系。

我们就是这样带着共同的目标和不同的心愿相聚敦煌，即将开始人生中独一无二的四十天。虽然时间已让这座城市面目全非，繁华不再，但幸运的是，莫高窟还在。只要它在，只要那735个洞窟、45 000平方米壁画、2 400余身彩塑还在，那个"华戎所交"、盛极一时的大城敦煌，便一直都在。

初见莫高

驶出敦煌市区，所有的绿色消失在视线中。湛蓝的天空下是连绵不绝的荒漠，鸣沙山和三危山在远处突然隆起，而更远处，祁连山的雪峰随着清晨的阳光以及我们兴奋的心情闪烁不已。当干涸的河床出现在戈壁中的时候，莫高窟便遥遥在望了。

开 营 仪 式

我们的车直接开进了敦煌研究院办公区。这些房舍是1984年敦煌文物研究所扩建为敦煌研究院之后，在与莫高窟隔河相望的戈壁滩上建起来的。下车的地方正好在常书鸿先生半身像旁边。这位敦煌的守护神目光炯炯，望向莫高窟的方向。

"敦煌文化守望者"开营仪式在研究院小报告厅举行。头发花白、笑容可掬的赵声良院长出席了活动，他已经在敦煌工作和生活了整整37年。开营仪式简单而质朴，但赵院长的讲话真挚而深情。他对我们说，敦煌研究院的几代人，从常书鸿、段文杰到樊锦诗，再到他这样的"年轻人"，都是因

▲ 敦煌研究院办公区内的常书鸿像。常书鸿于1944年开始担任国立敦煌艺术研究所所长，带领众人将荒芜已久的敦煌石窟重新管理和保护起来，并将其一生都奉献给了敦煌，因此被人们称为"敦煌守护神"。

为真正热爱敦煌，在这里找到了人生的支撑点，才能够无所畏惧地坦荡前行。他希望我们能不止于在敦煌获得工作的创意和灵感，还能在这异常丰富的历史遗存当中，找到一点真正的生命启迪——这才是此行最大的意义。听着这番肺腑之言，我感觉此刻的赵声良似乎不是那个声名赫赫的敦煌院长，而只是一个聊着人生、盼着你好的慈祥长辈。

在研究院食堂吃过午餐之后，我们沿着遍植白杨的林荫道步行前往莫高窟，不到十分钟便看到宕泉河横亘窟前。为了保证工匠和僧人的生活用水，莫高窟这样的大型石窟寺都开凿在河谷之中。虽然今天主河道中不见流水，只有红柳在河床上摇曳，但我知道开凿于盛唐的莫高窟148窟中曾有碑记记

载：那时的游人，初至莫高窟，就可以见到"前流长河，波映重阁"的壮丽景象。

今天的宕泉河并非自然干涸。敦煌研究院在河道上游筑坝截流，将水用于窟区绿化和植树治沙。只有偶尔夏季山洪爆发的时候，才有机会重见宕泉河波涛奔涌。不知道1 655年之前，乐僔和尚初到此地时，三危山金光万丈，宕泉河云影徘徊，会是怎样一番摄人心魄之美。

▲ 莫高窟前干涸的宕泉河。宕泉河发源于祁连山西端的野马南山。流经三危山中，吸纳众多溪流，来到鸣沙山下，成为莫高窟的"母亲河"。

乐 僔 开 窟

据原存莫高窟332窟的《李克让修莫高窟佛龛碑》碑文记载，前秦建元二年，也就是公元366年，僧人乐僔云游到鸣沙山东麓断崖处，忽见对面

▲ 三危山山顶的乐
僔堂。人们始终铭记
当年乐僔首开洞窟的
功绩，建乐僔堂以示
爱戴。

三危山上金光绽放，光芒中有千佛浮现。他觉得这是佛陀赐予他的隐喻——此地就是佛教圣地，于是停下脚步，在这面巨大崖壁的中心，开凿了莫高窟的第一个洞窟。今天的三危山顶，还建有乐僔堂，以纪念这段渊源。

乐僔开窟有着极强的偶然性，但冥冥之中又有着某种命运指引。就如同我这样的守望者，出走半生，兜兜转转，今天也来到了这片断崖之下。而断崖之上，便是那些举世闻名的洞窟。我感觉它们就如同一双双眼睛，看着时间从时而丰沛时而干涸的河道中流过。从乐僔建窟开始，这片崖壁历经了一千年共十个朝代的持续营造，今天留下来735个洞窟和无与伦比的文化。

矗立于宕泉河边的大牌坊，更像是莫高窟的景区大门。20世纪50年代，常书鸿、孙儒僩等老一辈莫高人将其从敦煌城内抢救性搬迁到此。牌坊上的"莫高窟""石室宝藏""三危揽胜"三个牌匾均出自郭沫若先生手笔。与大牌坊遥遥相望的小牌坊，是窟区的主入口。守望者项目的集训总教头刘文山老师，已经在那里等候我们了。

刘老师指着小牌坊上"莫高窟"三字问道："为什么这里会叫做莫高窟呢？"虽然我们之前也做了不少功课，都通过了选拔笔试，但或许因为初见的拘谨和提问的突然，这个看起来"应知必会"的问题，似乎把大家给问懵了。还好，刘老师并没有

▲ 莫高窟"大牌坊"。原是敦煌城内东街上汪氏家族一位妇女的节孝坊，建于清代道光二十六年（1846年），20世纪50年代抢救性搬迁到莫高窟。

▲ 小牌坊紧邻莫高窟窟区，是莫高窟参观入口处的标志性建筑。牌坊上原题写"古汉桥"匾额，因牌坊之后原有台阶直接通往崖壁第三层的428窟，后改为郭沫若题写的"莫高窟"三字。

过多为难我们，随即解释说，莫高窟的得名说法众多，其中比较主流的有三种：第一种说法是因为临近一个名叫"莫高里"的村落而得名；第二种说法认为，在古代"莫"与"漠"通假，莫高窟意为"沙漠高处的洞窟"；第三种说法则是为了纪念在这里开凿第一个洞窟的僧人乐僔，认为他的修为和功德最"高"，人"莫"能比。

我知道这仅仅是莫高窟名字的来历。持续1 000年的洞窟营造，以及1 600多年的文化沉淀，已让这三个字变得深不可测，历史、民族、宗教、艺术、生活，神佛、帝王、英雄、凡夫都在其中若隐若现。无数人终其一生，也无法阐释清楚它的文化含义。但也正是这种多元和复杂，让莫高窟在那些壁画和塑像的绝美之下，更多了一份深邃。它无声无息，却无穷无尽——天下石窟，莫高于此！

莫高窟密码

随刘老师走进窟区，这里被分为了南北两部分：其中北区有248个洞窟，曾是僧侣们的生活区，目前没有对游客开放；而南区则有487个洞窟，是信徒礼佛的场所，几乎都有彩塑和壁画，是莫高窟艺术的精髓所在。今天刘老师会带我们粗略地走一遍南区，看部分代表性洞窟，让大家对莫高

▼ 莫高窟所在崖壁在漫长的无人管理期当中，曾经历过局部的坍塌，很多洞窟原有的窟檐和前室都已损毁。20世纪60年代，国务院特批100万元对莫高窟所在崖壁进行了加固，形成了今天的面貌。

窟有一个完整的印象，并帮助我们尽快释放游客般的兴奋感，这样才能更加平静地进入到后续的洞窟学习当中，快速成长为一名合格的莫高窟讲解员。

站在南区崖壁下，感觉像面对着一张硕大的神秘地图，每个洞窟都是一个坐标，走入其中，就像是进入迷宫的路痴，完全不知道身在何处。如果想要跟刘老师那样，随心所欲地游走其中，准确定位任意洞窟，就必须掌握"莫高窟密码"。

刘老师告诉我们，在今天莫高窟各个洞窟中，能够看到三套"编码"。其中以字母"P"开头的，是法国人伯希和在20世纪初所编；以中文数字书写或以字母"C"开头的，是画家张大千来敦煌临摹壁画时制定的；而每个洞窟门上单独的阿拉伯数字则是敦煌文物研究所所定的洞窟号码，也是目前通用的"洞窟密码"——它大体上是从莫高窟南区一层最北端开始，往南依次编号，到最南端之后上二层，从南往北编号，以此类推，在崖壁上呈现出"之"字形走向。

很明显，这套编码主要依照洞窟地理位置来制定，从数字上并不能判断出洞窟的所属年代，因此还需要从开凿历史这一维度来补充了解洞窟分布。经过开凿年代最早的"北凉三窟"——268窟、272窟和275窟时，刘老师说，我们目前基本位于崖壁的中心位置了，因为莫高窟的营建就是从崖壁正中开始，往左右、上下逐渐扩展开去。那一瞬间，豁然开朗，感觉自己置身于银河的正中，数百个洞窟就如同星辰，在崖壁之上渐次亮起。

认识自己的"无知"

整个下午我们听刘老师详细讲解了323窟、332窟、17窟、96窟，以及特窟321窟、275窟、45窟、57窟。所谓特窟，就是具有极高艺术水准和独特研究价值的特别保护洞窟。

穿行栈桥，变换洞窟，仿佛走在历史隧道之中。惊艳的壁画、震撼的彩塑，携带着不同时代的海量信息扑面而来——十六国历史、归义军政权、佛陀的一生、消失的粟特人……我尽量让自己松弛下来，不去试图牢记什么，或者理解什么，只是单纯地去接受那些视觉和心灵的撞击，然后任由撞击所发出的无声巨响在耳边持续回荡。

在323窟中遇见了轻帆数点的江南；在275窟里感受到北凉的雄健质朴；57窟菩萨的婀娜明艳让人沉醉；而在45窟，我低身迎上那7身盛唐彩塑的目光，仿佛凝望着一千多年前平凡的我们。

结束学习，回到客栈，耳边的巨响依然萦绕不去。我看出持续下去的结局就是失眠，于是和守望者同伴老铁、老崔一起，沿着党河慢跑了5公里，试图用身体的疲累压制住精神的兴奋。但在跑步的过程中，心中的巨震依然久久不能止息：也许初见莫高窟的最大意义，便是映照出了自身的渺小和无知吧！但我又随即安慰自己，可能认识到自己的"无知"，才是通往生命丰富的唯一途径。

9点过后，太阳坠入了树林，我们三人停下脚步，站在党河大桥上，看着绚烂无匹的晚霞升起，染红了整个天空和所有的眼睛。

作者和守望者伙伴老铁、老崔站
在党河大桥上，看着绚烂的晚霞
染红敦煌的天空

丝绸之路

　　车出敦煌城，一路西行，目力所及都是茫茫戈壁。就在这渺无人烟的干涸中，却开出了一朵朵绝美的石窟之花。对于刚刚接触敦煌文化的人来说，这仿佛是一道谜题。

　　今天的敦煌城位置偏僻，如果不是因为旅行，绝大部分人终其一生都不会经过或者来到这里。但当我们将目光投向历史深处的汉唐，便会发现这戈壁深处，使团往来，商旅相接，队伍中的人大多高鼻深目，驼背上的货满是绫罗绸缎。它们都来自或者去向敦煌——这座城市就是当时中西交通的必经之地。

　　一切如此简单，道路本身便是谜底，它为石窟之花的绽放源源不断地输送着经济和文化养分，也带来了所需的人才。1877年，德国地质地理学家李希霍芬在《中国》一书中，将这条联通东西、绵延千年的道路称为"丝绸之路"。因为当年随着这条道路抵达西方的丝绸，曾震惊了他们的上流社会，留下了无法磨灭的印象。而今天我们的任务，便是

踏上漫漫丝路，走近历史遗存，去感受敦煌城曾经拥有的无可替代的战略地位。因为只有深刻地领会了这一点，在未来的学习中，才能更好地理解敦煌石窟的发展以及艺术风格的流变。

▲ 白马塔景区墙壁上所绘的新丝绸之路图。今天人们依然可以通过新的交通工具，沿着这条古老的道路，前往中亚和欧洲。

张骞出使西域

道路的远方，是一个我们熟悉的名字：西域。这个词语大量出现在当代武侠小说中。因为其自带神秘色彩，所以《射雕英雄传》中的欧阳锋、《倚天屠龙记》中的明教等神秘人物和组织往往被安排居住在这里；而又因为其充满异域风情，所以《倚天屠龙记》中的小昭、《书剑恩仇录》中的喀丝丽等绝色美人也都来自西域。

这片秘境到底是哪里呢？其实在历史上它特指的就是敦煌玉门关、阳关以西，葱岭以东的广袤土地，大约相当于今天的新疆以及部分中亚地区。这里曾经分布着数十个国家，楼兰、于阗、龟兹……每一个名字都是传奇。而丝路的开通，就是从与西域各国的交流开始的。

我想起了昨天看过的莫高窟323窟，洞窟的北壁上有一幅著名的《张骞出使西域图》。壁画用虚实结合的方式，描绘了这样的情节：汉武帝从匈奴处缴获两尊金人，供奉于甘泉宫中，因为不知道金人是何方神圣，于是派遣张骞一行前往西域，探寻金人来历，最终得知这是两尊佛像。

壁画内容当然有不少后世佛教信徒们的借题发挥，以此将佛教传入中国的时间从两汉之交提前到了汉武帝时期。而历史上真实的"张骞出使西域"，发生在公元前138年，张骞奉命西行，目的是联络西域大月氏夹击匈奴。这一事件客观上打通了中原王朝与西域各国的联络通道，开启了中西交流，司马迁在《史记》当中称之为"凿空西域"。

在此之后，汉武帝大破匈奴，在河西地区设置了武威、张掖、酒泉、敦煌四郡，在敦煌郡西又建立了阳关和玉门关，分别扼守西域南线和西域北线。而作为两条线路交汇处的敦煌，便成了中西交通的咽喉重地。无数的商旅、使节往来此地，催生了华戎相交的一大都会。

西 出 阳 关

正在畅想张骞当年两次出使西域的传奇经历时，车忽然开进了一片绿洲。村庄中溪流澄澈，葡萄架搭出了清凉绿荫。一个转弯，阳关遗址区便在眼前了。

景区里几乎都是后修的古风建筑。博物馆中，讲解员正在为大家介绍陈列于此的阳关遗物；复原的官署中，民间艺术家正在用汉

隶为游客们书写着"通关文牒";而重建的城楼下，群众演员正拦着过往的游客们"问询"和"查验"——人们努力还原着阳关的往日生活。通行阳关是当年普通民众和客商更愿意选择的方式，因为相比北部的玉门关，位于南线的阳关更少受到北方游牧民族的侵扰。

穿过关城，便看见一座烽燧高高矗立在山顶，俯视着这片土地上的人来人往以及沧海桑田般的巨变。所谓烽燧，也就是烽火台，古人把夜间举火叫

▲ 作者在阳关景区的奋力一跃。身后便是阳关遗留下来的墩墩山烽燧。当年这里是中原通往鄯善、于阗、莎车等西域国度的必经之路。

"烽"，白天放烟叫"燧"，用以传递敌情。阳关关城附近有十几座烽燧环绕，其中最大的就是被称为"阳关耳目"的这座墩墩山烽燧了。换乘摆渡车来到烽燧脚下，这里是整个古阳关的制高点，数百里之间的风吹草动都可以尽收眼底。据说天气晴好的时候可以看见远处巍峨的祁连雪山。烽燧一侧有片巨大的沙地延伸远方，讲解员告诉我们，这里被当地人称为"古董滩"，因为很容易捡到箭头、古币之类的老物件。而据专家们考证，阳关故城就跟那些古董一起，掩埋在茫茫流沙之下。

抬眼往西望去，即便今天，这看起来也是一条艰难的道路。白云变幻之中，我仿佛见到西域古国的使臣们踏尽黄沙，粟特商人的驼队艰难前行，中原的丝绸、漆器、铁器源源不断运往西域，换回了核桃、石榴和葡萄。不禁又想到了昨天在45窟见过的那幅《胡商遇盗图》：穿着不同民族服装的商人们，在手持利刃的强盗面前满面愁容、瑟瑟发抖。丝绸之路是财富之路，是交流之路，却也是一条艰辛和苦难之路。

离 别 之 诗

也正是因为西出阳关便是西域，而戈壁茫茫前路未卜，阳关的送别具有了比其他地方更浓重的离愁别绪。新建关城的旁边，有一排巨石，铭刻着历代诗人吟咏阳关的杰作。其中最脍炙人口的当然是盛唐诗人王维的那首《送元二使安西》了，甚至今天有很多人都是因为这首诗才来到这个地方。

作为盛唐诗坛能够匹敌李白的人，王维的诗绝不仅仅是那些不带人间烟火气的冲淡之作。他先用一句"劝君更尽一杯酒，西出阳关无故人"写尽离别之意，又用一句"九天阊阖开宫殿，万国衣冠拜冕旒"

道尽上国之威，在这一"出"一"进"之间、"故人"与"万国"之间、苍凉和繁华之间的，便是丝路，便是敦煌。

《送元二使安西》这首诗横空出世之后，立即成为了送别诗中的翘楚，并迅速被谱曲传唱，这就是当时著名的流行歌曲《阳关三叠》。按照苏东坡在《记〈阳关〉第四声》中的说法，所谓三叠，"每句皆再唱，而第一句不叠"，也就是将全诗的后三句，分别重复咏唱一遍。而阳关也就随着这诗与歌的"叠叠"不休，成为了人们心目中送别的代名词了。

在盛唐诗坛，王维是为数不多真正到过河西见过大漠的人。开元年间，他以监察御史的身份前往凉州（今甘肃武威），察访军情。虽然并未走到敦煌登临阳关，但塞外的风土人情一定给了他巨大的震撼，就如同我们这些见惯了江南小桥流水的人，刚到敦煌时的惊艳。因此，他才能留下"大漠孤烟直，长河落日圆"这般传神的诗句，也才能赋予"西出阳关"如此深邃的离愁别绪。

苍凉玉门关

相比阳关，地理位置更靠北的玉门关，担负有防范匈奴入侵的更重大的军事职责。史料记载，古代阳关与玉门关之间有数十公里长城相连，中间还设有若干烽燧，相互呼应，守护丝路。在今天玉门关景区当谷燧附近，我们看到了这些大汉王朝重要的军事防御工程。2 000多年的风雨侵蚀之下，伫立在广袤戈壁中的它们，像一群遍体鳞伤却依然并肩而立的倔强兵勇。

眼前的汉长城跟我们更为熟悉的明代八达岭长城有着天壤之别。八达岭长城主要是用砖石修建，而汉长城则是用黄土或者砂砾夯筑而

▲ 汉长城是汉武帝太初年间所修的长城，在汉代书简中被称为"塞"。玉门关附近的这一段保存状况最好，远远望去，宛如横卧沙海之中的苍龙。

成。仔细分辨，还能看出城墙是分层筑就，在砂砾和黄土之间，夹杂着红柳、芦苇。虽然朴实无华，甚至有些简陋，但却非常坚实，因为无数人身体里的血、汗与地下水中的盐，将这些砾石和黄土凝结得如同钢铁一般。

除了防御工事，玉门关附近还遗留下了当时重要的军需仓库——大方盘城，它主要是为边防储备粮食而筑。今天的古城遗址残墙横亘，孤柱擎天，写满了沧桑之美。城池北面就是荒烟衰草的疏勒河故道，这是一条自东而西流入大漠的神奇河流。只可惜当年城中士卒巡回、水上舟楫往来的景象，都与水流一起，消失在历史的荒漠之中了。

而真正的玉门关关城在哪里呢？所有的说法都指向了我眼前这座孤零零地矗立在旷野之中的小方盘城。20世纪初，英国人斯坦因（也就是最早骗购藏经洞文物的那个人）在这座方形夯土堡垒的北面废墟中挖掘出了许多汉代木简，并根据其内容推测这里就是汉代玉门关所在地。一百年来，由于没有新的证据和遗存出现，绝大多数人都倾向于将这里暂定为玉门关。

我走进小方盘城内，盘桓良久，还是无法说服自己，这就是玉门关关城。大汉帝国最西面的第一

▼ 大方盘城是汉代一座颇具规模的军需仓储城。残壁上留下的孔洞，专家推测为当时仓库的通风设施。残垣断壁的背后便是已经干涸了的疏勒河故道。

▲ 小方盘城被暂时认定为玉门关关城所在地，它全用黄土夯筑而成，面积600多平方米。城内东南角有一条约1米宽的马道，可通往顶部。

海关，怎么会只如一栋宽大的别墅一般？我相信这个区域就是汉代玉门关所处之地，但我也坚信小方盘城只是关城的一个并不起眼的附件，而威名赫赫的玉门关，也许早就化作戈壁微尘了。

边 塞 诗 魂

在诗歌当中，玉门关是不朽的。跟阳关成了送别诗中的非凡意象一样，玉门关则逐渐成了边塞诗歌吟咏的重要主题。虽然从汉到唐，关址几度变迁，但是诗人们对此并不在意，他们更关心的是"玉门关"这三个字背后的五味杂陈。

"黄河远上白云间，一片孤城万仞山。羌笛何须怨杨柳，春风不度玉门关"，王之涣的诗里是戍边士卒淡而深的感伤；"看花无语泪如倾，多少春风怨别情。不识玉门关外路，梦中昨夜到边城"，戴叔伦的诗里是闺中少妇浓而远的哀怨；"青海长云暗雪山，孤城遥望玉门关。黄沙百战穿金甲，不破楼兰终不还"，王昌龄的诗里是踏破黄沙、建功立业的豪情；"东去长安万里余，故人何惜一行书。玉关西望堪肠断，况复明朝是岁除"，岑参的诗里是身在绝域、佳节思亲的乡愁。

这些千古流传的诗歌，跟莫高窟里的壁画、塑像一样，都是敦煌这座城市留给世人的无价宝藏。

回望玉门关，那仿佛不是一座城池，而是天地间存放诗歌的一只书匣。

北魏259窟：最美禅定佛

早晨的莫高窟极为安静，游客们都还没有到来，只有银白杨在风中发出沙沙的声响。我们来到了紧邻窟区建于20世纪50年代的"红房子"。未来的一个多月，它将成为守望者们在莫高窟的临时营地。

莫高十二关

今天我们将正式开始接受"特训"。在红房子里等待导师的时候，我突然感觉"莫高窟"这个名字，带有一种"武林圣地"的气质，如同金庸小说中的光明顶、重阳宫一样；而我们这些守望者，就是一帮带艺投师的侠客，在经过层层筛选之后，终于来到了心中圣地，接受再造。

让我先介绍一下这帮"来路复杂"的老中青侠客们：王实，耶鲁大学艺术史、考古双专业在读学生；崔新宇，知名文化博主；杨翻，四川文化产业学院书画教师；张春晓，暨南大学文学院副教授；铁锚，西安电子科技大学教师、德国帕德博恩孔子学院首任中方院长；郭睿婷，布朗大学和罗德岛设计学院联合项目二年级学生；蔡一晨，中国美术学院在读博士；梁益嘉，剑桥英语面试官；徐赟，深圳某互联网大厂数字化战略顾问；以及在下，一个年过不惑的"少年"。

老中青侠客们面对的是由12个不同时期开凿的洞窟所组成的"莫高十二关"。我们将在导师的指点之下，按时间顺序依次学习12个洞窟，苦练内外功夫，通过考核，才可以解锁下一关；而在通过全部十二关之后，还需要经受住敦煌研究院派出的"超级高手"的终极考验，才可以拿到那把"至高无上"的钥匙——它可以打开莫高窟所有的普通开放性洞窟。

我们的总教头刘文山老师长相斯文，气质儒雅，皮肤白皙，基本不具有典型西北人特征，我暗地赠送他一个绰号"敦煌儒侠"。刘老师此番面对的显然是个并不轻松的任务，因为"带艺投师"是把双刃剑，融会贯通或许新意迭出，但运用不当可能就会"走火入魔"。于是"人狠话不多"的儒侠，在认真强调了莫高窟"三大纪律八项注意"之后，争分夺秒地带着我们进窟修炼去了。

太 和 风 云

我们来到的第一个洞窟是259窟，它开凿于北魏太和年间。整窟的塑像和壁画都是原作，未经后代重塑重绘，展现了浓郁的"西域风格"。在窟门上挂好"洞窟工作中，请勿进入"的免打扰牌之后，我们在神佛簇拥之中，跟随刘老师的讲述，回到1 500多年前的北魏时光之中。

朝堂之上，将来以改革闻名后世的魏孝文帝端坐宝座，但还只是

▲ 云冈石窟中的二佛并坐雕像。云冈石窟所在的大同当时是北魏的都城，因此这里有更多隐喻"二圣临朝"现象的佛像。（来自图虫）

稚嫩君主，真正属于他的时代尚未到来。在他一旁临朝听政的，是真正掌握这个国家权力的政治强人冯太后。面对连年征战、国库空虚、豪强兼并土地、难民流离失所等诸多棘手问题，冯太后与孝文帝一道颁下了旨意，启动了影响深远的"太和改制"。

当时北魏的皇族亲贵都尊称这种特殊的朝堂形态为"二圣临朝"。而此时"二佛并坐"主题的雕

像大量出现在北魏皇家开凿的云冈石窟里，其影响也波及了远在边陲的莫高窟。259窟西壁主龛当中的这组"二佛并坐"，或许就是对当时北魏庙堂的

▲ 莫高窟259窟"二佛并坐"。佛像身上的袈裟紧贴躯体，呈现出典型的"曹衣出水"风格。

某种喻示。

当我们从时代风云当中抽离出来，重新从佛教洞窟的视角去审视时，又发现"二佛并坐"这一莫高窟塑像中并不多见的题材，自有其佛教渊源。刘老师告诉我们，这样的造型主要源于《法华经》中一个极具文学性的故事。

佛经中记载，某天释迦牟尼正在灵鹫山宣讲《法华经》奥义，说到异常精妙处，道场前方的地面忽然裂开，随即涌出一座流光溢彩的七宝塔。众弟子不解其故，释迦牟尼便解释道：在很久之前曾有一位多宝佛，特别擅讲《法华经》，在他涅槃之际，发下了誓愿，如果未来有人讲《法华经》跟他一样精妙的话，他将现身为证。弟子们一听塔中竟有古佛，纷纷想要一睹真容。于是释迦牟尼以指尖触动塔身，塔门缓缓打开，多宝佛端坐其中。多宝佛让出一半宝座，邀请释迦牟尼进入塔中。宝塔随即升入虚空，二佛并坐，继续为众生宣讲《法华经》。

听到这里，我不禁感慨万千，这就是莫高窟的神奇，仅仅是两尊一言不发的塑像，就能够让我们看见那些庙堂之上、佛国之中的风起云涌和山崩地裂。

"木骨泥塑"和"曹衣出水"

1 500年的时间侵蚀，已经让"二佛并坐"塑像有了一定程度的损伤，尤其是佛手出现了残缺，从黑色的空洞当中露出了木头。但这也给了我们一个切口，可以借此窥见莫高窟塑像的制作工艺。

刘老师告诉我们，莫高窟所在的鸣沙山体属于砂砾岩，并不适合雕刻造像，因此在莫高窟最多见的中型佛像基本都采用"木骨泥塑"的工艺来制作。如果我们想要做出259窟"二佛并坐"这样的塑像，

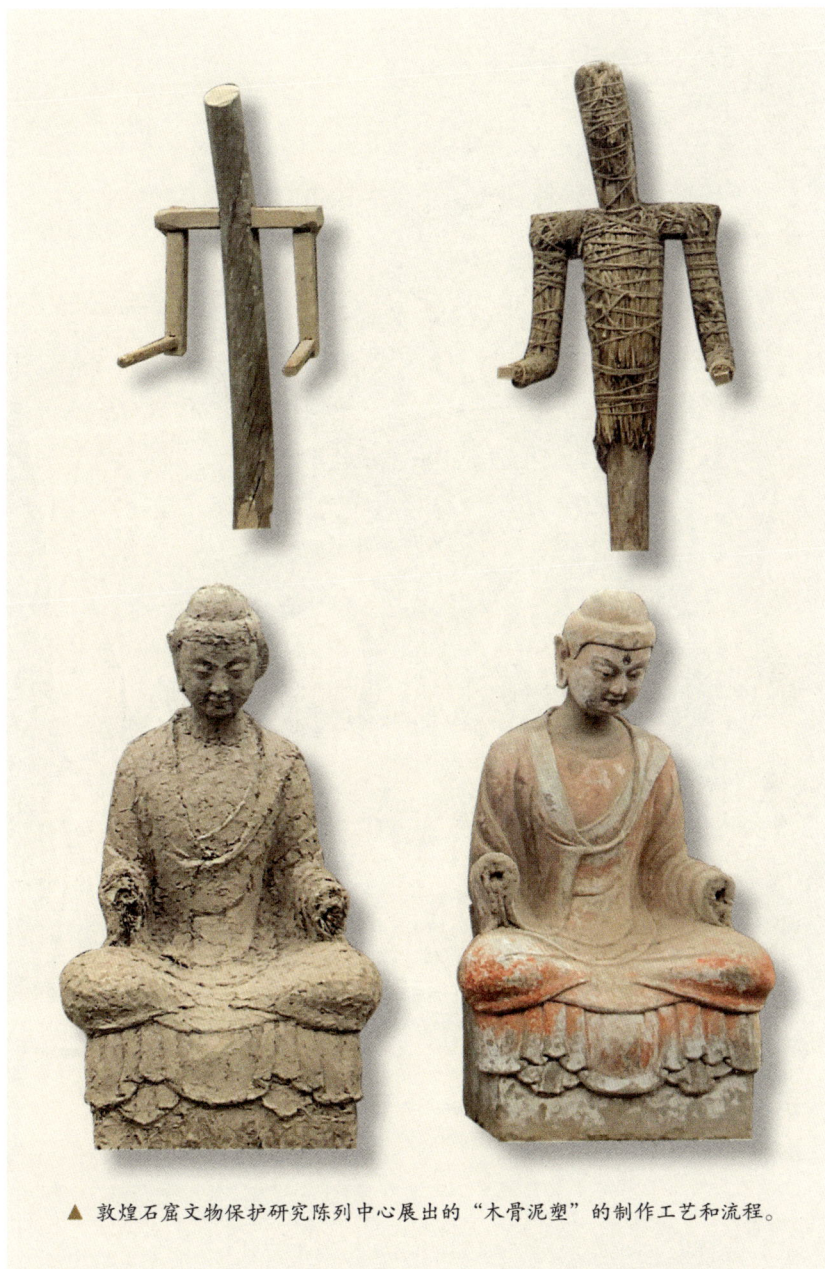

▲ 敦煌石窟文物保护研究陈列中心展出的"木骨泥塑"的制作工艺和流程。

莫高窟259窟是北魏时期的代表洞窟之一。西壁的佛龛当中是莫高窟并不多见的"二佛并坐"塑像，两侧的菩萨面带浅笑、腰系羊肠裙，带有强烈的西域风格；北壁上层的阙形龛中是交脚状和思维状的弥勒菩萨像，下层则塑有佛说法像、倚坐像和禅定像。图中的汉字"二四二"即为张大千当年所编洞窟号（吴健2003年摄）

首先就要依照佛像的设计大小，用木头搭出一个身体骨架，把圆木削制成有榫的手臂，以木板制作手掌，再将铁条制成手指；之后在骨架上捆扎好本地所产的芨芨草或芦苇；最后敷泥成型，施以彩绘，完成作品。相比之下，我感觉莫高窟的泥塑更像是在做加法，而云冈和龙门的石雕像是在做减法，这一增一减，看似反向而行，却殊途同归，携手抵达了"极致之美"。

此时，佛身上的袈裟的塑造风格引起了大家的注意。它们看起来紧贴身体，似乎刚从水中捞起来，直接穿在身上一样，身体的曲线因此隐约地透露出来。刘老师解释说这种风格来自古印度北部地区。但由于宋代郭若虚的《图画见闻志》中依据北齐画家曹仲达的画作，将这种艺术风格称为"曹衣出水"，后世便将这种说法沿袭了下来，即便259窟开凿的时间远早于曹仲达生活的年代。

阙 形 佛 龛

北魏是游牧民族鲜卑所建立的王朝，崛起于草原，南下入主中原，一统了北方。从二圣临朝开始，冯太后与孝文帝更是大力推行"太和改制"，不断实行"汉化"政策，促进了民族融合。而这种文化的融合在259窟当中也有所体现。

在洞窟北壁上层，开出了三个与众不同的佛龛。它们被修筑成了中国传统建筑"阙"的样子。这种阙形龛是莫高窟所独有的，别的石窟寺当中从未出现。其实对于"阙"我一点都不陌生，在我的老家四川，保留了许多造型古朴的汉阙。作为一种礼仪建筑，阙大量出现在宫殿、神道、祠堂等处，是地位与身份的象征。同时，它也经常出现在脍炙人口的诗词当中。比如王勃的"城阙辅三秦，风烟望五津"，李白的"西风残照，汉家陵阙"，苏轼的"不知天上宫阙，今夕是何年"，分别说的就是城阙、陵阙和宫阙。

在259窟，阙被用来代表佛经中所说的"兜率天宫"，弥勒菩萨在此修行。他身着天衣，头戴宝冠，或双脚自然交叉呈交脚坐，或左脚下垂右手扶颊呈思考状，正等待觉悟成佛——宗教中所谓的"佛"或"佛陀"，就是觉悟者的意思。那时候的世界将成为"理想国土"，庄稼一种七收，树上长出衣服，人的寿命可达八万岁，无灾无难。北魏连年征战，百姓生活贫苦，弥勒修行的兜率天宫以及未来的"人间净土"，正给了人民一点脱离苦海的微茫希望和巨大吸引。

我很好奇这里的弥勒为什么不是经常在寺庙中见到的那个"大肚能容、笑口常开"的形象，于是一番查询，发现原来这才是弥勒的"本来面目"，而我印象中那个笑容可掬的欢喜样子，则是随着佛教的本土化发展，在融合了五代时期高僧契此的模样后逐渐创造出来的。那时的契此和尚常常手持布袋乞食，口中则喃喃自语："弥勒真弥勒，分身千百亿。时时示时人，时人自不识。"

禅定佛的微笑

北魏时代的中国处于南北方对峙的状态，南方较为稳定，经济繁荣，文化深厚，而北方则因民族混战，经济萧条，文化积累单薄，佛教修行也因此呈现出"南重义理，北重禅修"的不同面貌。

259窟北壁中层圆券佛龛中塑出的多身"禅定佛"就反映了这一潮流。其中位于东侧的禅定佛最为著名。这身塑像整体保存良好，面部圆润，双眼下视，鼻翼微隆，嘴角轻翘，双唇如弯月，露出一种看似平淡却又隽永的微笑。这正表现出修行者摒弃了一切干扰，进入了至高的"禅悦"境界。从这一抹微笑当中，我似乎看到了禅定者心中

莫高窟259窟禅定佛塑像，塑像除了左腿略有残破外，整体保存较好。禅定佛结跏趺坐，双手呈禅定印，脸上露出迷人的禅悦微笑（吴健2003年摄）

那片光明之海。

刘老师说，不少欧洲游客很喜欢将这尊禅定佛称为"东方的蒙娜丽莎"，其实这迷人的微笑比之达·芬奇的名作，要早了一千多年。被称为"敦煌的女儿"的敦煌研究院前院长樊锦诗，也特别钟情这尊佛像。樊奶奶从大学毕业后就来到莫高窟，在这里生活了50多年，经历了水土不服、物资匮乏、两地分居、特殊时期等无数的苦难，但从未离开，为莫高窟的保护和研究奉献了一生。在来敦煌之前，我读过她的自传《我心归处是敦煌》，她在书中说到，每到退无可退的时候，总会想起259窟的这尊禅定佛，"他的笑容就是一种启示"。从某种意义上说，是这微笑给了樊奶奶在大漠当中坚持下去的勇气。我想，这也许正是艺术内蕴的美、爱、希望与力量，带给每个生命个体的那种微妙而强大的心灵援助力量吧。

"笑 熬 浆 糊"

259窟的培训持续了半天，我们根据刘老师所授，观摩洞窟细节，消化海量信息。在这一过程中，我也逐渐开始理解莫高窟讲解员的不凡和不易。一个洞窟大概10分钟的讲解背后，是数十倍的知识储备和无数次的练习。目的就是要尽可能做到融会贯通，让来到这里的人，在有限的时间内，看懂洞窟内容，了解石窟艺术。同时讲解员还得有足够的内力储备，去应付随时可能出现的各种问题和挑战。我仔细审视了一下目前自身的"武学修为"，应该浑身都布满了"破绽"，一不小心就会被游客中的高手"一击毙命"。

离开259窟后，刘老师又在莫高学堂给我们上了两个小时的"敦煌历史地理课"，以帮助我们进一步领悟"敦煌因丝路之兴而兴，随丝路之衰而衰"，并熟悉莫高窟发展的历史脉络。回到客栈，喜欢钻研佛经的守望者老崔带来了一场关于《维摩诘所说经》的文化分享，帮助大家为后面更好地理解同主题的大型壁画打下基础。之后我又同央视《大敦煌》纪录片摄制组的编导们交流了一会"在敦煌寻找江南"的计划，他们希望在纪录片中加入守望者的故事。

写到这里一看时间，竟然已经是6月3日23：50了。明天上午就是259窟的初次考核，每个人都要在洞窟中试讲，而从学习结束到现在，我还没有一点时间整理复习，现在脑袋里全是"浆糊"。为了明天不做一个人云亦云的讲解员，我还需要查阅资料，重构内容，组织语言，所以此刻我必须停下笔，洗把脸，冲杯咖啡，去"笑熬浆糊"了。

西魏249窟：明艳千年的秘密

透过车窗，远远便能看到左侧的三危山和右侧的鸣沙山蜿蜒如长蛇，它们交汇处的那片小绿洲便是莫高窟。敦煌研究院的地质专家推测三危山已有上亿年历史，而鸣沙山只存在了200万年。它们在这片广袤荒漠中的相遇如此神奇，就如同渺小的我们在这茫茫人世间遇见已经1 655岁的莫高窟一样。

▼ 宕泉河边的佛塔和远处起伏的三危山。当年乐僔和尚便是看到三危山上金光万丈，金光中千佛浮现，才决定停下脚步，开凿了莫高窟的第一个洞窟；而宕泉河边的佛塔则是存放历代高僧的骨灰、舍利子以及经文的地方。

初 次 考 核

今天的第一项任务就是在259窟当中"闯关"。刘老师已经准备好了洞窟特制小马扎和挑错专用笔记本。面对第一次考核，大家都有一些小紧张。老崔神经兮兮地踱过来给我测了测脉搏，然后说了一句："嗯，跳得挺快。"脸上满是自我安慰的神情。

考核正式开始之后，果然如我所料，几乎没有人愿意照本宣科，而是依据自己的兴趣爱好和生活经历，对259窟的内容进行了重新梳理。有人将北魏的来龙去脉讲得深入浅出，有人将"阙"的前世今生介绍得一清二楚，而我则主要参考了敦煌研究院专家的研究成果，希望以《法华经》为主线来串联起洞窟中的"二佛并坐""弥勒菩萨""禅定佛"等亮点。

在每个人考核之后，刘老师都会提出专业的点评和指导。但当我的讲解结束后，他却陷入沉默不语，仿佛进入"禅定"。现场气氛略显尴尬，同伴们面面相觑，我心中暗呼不妙，深提一口丹田之气，准备迎接沉默之后可能随之而来的"佛门狮子吼"。

其实此时的刘老师正在暗自评估我的这个非"主流"讲解。莫高窟的每一份讲解词看似简单，但却都是数代敦煌研究院研究人员的集体智慧结晶，每一种表述都是采用目前敦煌文化研究当中的主流意见。因此，我今天的解说虽然看似旁征博引、观点新颖，但其中的一些内容是否适合作为面向全世界游客的讲解词，的确需要谨慎评估。所幸刘老师最终露出了禅悦式的微笑，他原则上肯定了我的解说内容，赞赏了讲解中的流畅串联，也对部分说法提出了修改意见。

虽然小有曲折，但终于顺利通过了第一关。我彻底松弛了下来，和其他守望者一起，盘腿坐在259窟的地板上，眼光所及尽是1 500年前精美的文化遗存，身后半米就是最美禅定佛的深邃浅笑。阳光从门洞射入，飞天在佛龛中轻舞，我甚至能够感觉到那些吹气如兰的呼吸。游人匆匆地从洞窟前经过，而只有我们可以私享"北魏"时光——这是远胜一切物质享受的"奢侈"。

瓜州刺史元荣

大家顺利通过了"第一关"，便集体转战至不远处的下一个洞窟：开凿于西魏的249窟。钥匙轻转，窟门开启，又打开了另外一个时间胶囊——

公元525年，敦煌城下，一支旅队从遥远的洛阳跋山涉水而来。华丽的马车上，有人掀开了帘子向城头望去，他衣着考究，气质高贵，正是北魏皇族、明元皇帝拓跋嗣玄孙——元荣。在这一年，他被任命为瓜州刺史（公元516年北魏改敦煌为瓜州）。马车之后的随行队伍中，不仅有家眷、官吏、军士、侍从，还有不少工匠。这些画师和塑匠跟随元荣，从中原来到河西，他们的行囊当中满载着中原最流行的画稿和图案。

之后北魏王朝崩溃，分裂为西魏和东魏。而在此期间，元荣团结地方豪族，任用能臣，使敦煌保持了相对安宁。在西魏政权统治敦煌之后，他依然担任着瓜州刺史的职务，直至去世，整个任期长达近20年。元荣一生尊奉佛教，在敦煌期间，他组织了许多好手抄写大量经书。今天在藏经洞出土文物当中，还能看到他发愿所造经书以及亲笔题记。在他的带领之下，莫高窟掀起了一个开窟造像的高潮。

我们今天要培训的249窟正是开凿于这个历史时期，窟内的塑像经过了后世的重修，但精美绝伦的壁画却是近1 500年前的原作，而且

电神　　　雷神　　　千秋鸟　　阿修罗

莫高窟西魏249窟壁画。体现出西域文化和中国传统文化的一种并存。中间为四目四臂的阿修罗王，两侧是"风雨雷电"四神。此外，壁画中还能看到人首鸟身的千秋鸟、背生双翅的羽人，传说中的大力士乌获、靠飘带飞行的飞天。壁画距今已经1 400多年，但因为大量使用矿物质颜料，今天依然艳丽如新。（余生吉2001年摄）

羽人　风神　　　　雨神　　　乌获

保存良好，色泽明艳，宛如新作。

"风雨雷电"四神降临

我暗自猜想，249窟的画工当中，或许就有跟随元荣从中原而来的人。因为在这窟的壁画上，来自西域佛教和来自中原神话中的神佛们就那么相安无事和谐共处着。壁画亮点都集中在窟顶四披（在莫高窟，洞窟当中的坡面一般都被称为"披"），因此半天的抬头学习结束之后，我们的颈椎病都得到了极大缓解。

窟顶西披正中画出了印度佛教当中的阿修罗王，他四目四臂，脚踏碧海，手擎日月，头顶须弥山，形象极其霸道。而在这个来自西域的大神旁边，出现了四个充满奇趣的形象，有的四周围了一圈鼓，有的手拿工具作打击状。"谁知道这些是什么神仙？"刘老师问道。我心中暗笑：鼓手都有了，这不会是一支古代摇滚乐队吧。

经过不断揣摩和试错，终于有人用很不自信的声音回答道："风、雨、雷、电？"竟然对了！这四个奇怪的形象真的就是中国传统神话当中的"风雨雷电"四神。我心下嘀咕：这与他们在《西游记》当中的形象差距也太大了吧。在一圈腰鼓当中仿佛乐队灵魂鼓手的那位，就是雷神，西魏画工用擂鼓来表现隆隆雷声；一手持锤一手持凿的那位，就是电神，他敲击发出的火花便是闪电；而风神则是背着一个布囊快速奔跑充当人肉鼓风机的那位；雨神似乎不太讲究卫生，口水化作甘霖，洒向了人间。

而在窟顶的南北两披，绘出了中国传统神话当中西王母和东王公的形象，他们分别坐在华美的凤车和威武的龙车之上，前后簇拥着各种仙人和异兽，巡游天际。

刘老师告诉我们，这些悄然而大量出现的中原神话中的形象，让莫高窟开始突破原有的借鉴为主的"西域模式"，中原风格逐渐加强，并最终在之后更为强盛的时代当中，形成了敦煌自有的艺术风格。

《狩猎图》与"决定性瞬间"

看过了光怪陆离的天界，刘老师又带我们回到了人间。在四披的下部，西魏画工用生花妙笔绘制出了美丽的山峦、河流与密林，各种动物活跃其中。北披东侧有一群悠闲的野猪，猪妈妈正带着几只猪宝宝在山野间觅食，一派温馨景象；西侧则有一只惊慌失措的野牛，一边奋蹄狂奔，一边扭头张望。同样简洁的墨线，却勾勒和营造出了完全不同的气氛。

而在野猪和野牛的中间，画工绘制出了一幅扣人心弦的《狩猎图》，这也是莫高窟壁画中最经典的场景之一。一位身着胡服的猎人正策马狂奔，追逐猎物。突然，一只猛虎从密林之中向他扑来。在虎爪就要搭上猎人肩头的一刻，骏马奋蹄前冲，猎人猛地扭身张弓，瞄准猛虎，利箭即将离弦。画工用恰到好处的构图，将这个千钧一发的瞬间凝固了下来，留给我们巨大的想象空间。

我平时极爱摄影，曾经很喜欢"现代新闻摄影之父"布列松所提出来的"决定性瞬间"的说法，也就是摄影者如何去抓住那个"能赋予事件真正意义的时刻"。如果将《狩猎图》看作一幅抓拍照片的话，一千多年前的这位西魏画工已经为我们完美地诠释了什么才是"决定性瞬间"。

永不变色的矿物质颜料

249窟距今已近1 500年，而且在明朝之后莫高窟无人管理的日子

◄ 莫高窟249窟窟顶北披中的野猪。猪妈妈正带着六只猪宝宝悠闲觅食。（来自展览复制品）

▼ 莫高窟249窟《狩猎图》。上半部的猎人正手持投枪，追逐奔鹿；下半部的猎人正张弓搭箭，回身射虎。（来自展览复制品）

中，此窟前部有过明显坍塌。我曾在网上见到过1908年法国人伯希和团队在莫高窟拍摄的老照片，影像中的249窟没有任何窟檐窟门的保护，就那么门户大开地暴露在日晒雨淋之下。但神奇的是，即便如此，今天我们看到的249窟壁画依然明艳照人。刘老师告诉我们，这一切都要归功于当时作画所使用的矿物质颜料。

这种颜料当中的绝大部分，都是由莫高窟对面三危山中所产矿石研磨而成的，比如红色系的朱砂，蓝色系的石青，绿色系的石绿，白色系的高岭土、方解石、云母，等等。当然也有青金石等少量颜料，只能从阿富汗等地采购。而这对于处于丝路要道商旅云集的敦煌来说，并非难事。

矿物质颜料"性情稳定"，一生都"忠诚"于壁画，永不变色。因此，249窟的壁画才能在千年之后依然如此震撼人心。与之相比，后世常用的化学颜料稳定性较差，一般几十年之后，就会跟空气中的氧气等"暧昧纠缠"，最终造成画作的变色或者褪色。

守望者同伴杨翻是大学书画老师，对古代壁画很有研究。这次他不远千里，将平时作画使用的很多矿物质颜料带到了敦煌。他承诺会尽快安排一场"敦煌色彩"的分享会，以便让大家能够沉浸式地了解矿物质颜料对于敦煌壁画的意义。

守望者王实

恋恋不舍地离开了249窟之后，刘老师安排了一场"敦煌石窟艺术史"的讲座，帮助我们从艺术发展的角度对各个阶段的石窟特点有所把握。回到禾园，晚餐之后，来自耶鲁大学的守望者王实又给大家做了"犍陀罗和中亚文化"的主题分享，让大家进一步了解古印度佛教艺术重镇——犍陀罗。在这个中西方文化交汇的地方，艺术家们学习和吸收了希腊式雕像风格，第一次将"佛"的形象展现在了芸芸众生面前，并对印度周边地区的佛教艺术产生了深远的影响。

王实是耶鲁大学东方艺术和考古专业一年级的学生，由于疫情关系，目前还留在国内上网课。虽然他在我们十人当中年龄最小，但论起敦煌相关的知识储备，众人都望尘莫及。他从小喜欢丝路文化，多次来到敦煌学习，去过中亚多国考察，并自修了梵语，早已将这个方向的学术研究作为了自己的人生目标。他说守望者项目结束之后，就要正式前往美国求学，并计划读完博士之后回国，进入高校或者研究机构，成为一名真正的学者。

听着王实的分享，我忽然心生羡慕，更年轻的人们可以这么早就接触到如此广阔的世界，并明了自己的人生方向。而我在最好的青春岁月里，曾迷茫地虚度了很多时光，走了很久才觉察到内心荒芜。唯一值得安慰的是，一切都还不晚。

分享结束之后，我带着快要爆炸的脑袋回到房间，又开始例行工作：查找资料、复习洞窟、梳理讲稿，迎接明天早晨的另一轮闯关。看起来，在这次守望者生活中，零点前入睡恐怕要成为一种奢望了。

隋代420窟：永葆青春的菩萨

拜249窟所赐，昨晚的梦境非常闹腾，风雨雷电不绝于耳，神仙异兽纷至沓来，累得我像是自驾去了一趟"西魏"。所以上窟的路上，我抓紧这二十几分钟的车程再补了会儿觉，争取用更好的精神状态去攻克"诸神守护"的249窟。

"连 词 第 一"

有了259窟的考核经验，今天大家的表现都轻松自然了很多。因为249窟是一个题材异常丰富的洞窟，所以我没有在讲述内容上再多做补充，而是将重点放在如何实现讲解的"丝滑柔顺"上。在我看来，一个好的讲解员应该不止于将洞窟的亮点讲给游客，在亮点之间的起承转合上也要做到自然流畅，这样游客才能够一直沉浸在文化艺术和历史风云当中，而不会因为生硬的跳转而频频"出戏"。

在之前259窟的讲解中，我已经比较注意这一点。而今天在249窟中，我从时代背景中的东魏高欢与西魏宇文泰争霸起兴，自然过渡到西域文化与中原文化的竞争与共存，再以此引出249窟中"中西并列，神佛并坐"的壁画，之后从壁画中的天界回到人间，详细介绍了动静结合的山林野趣和狩猎场景，最终在壁画为何能够明艳千年的探讨当中结束讲解。整个过程比较流畅，而各幅壁画之间过渡自然，因此得到了刘老师的赞赏。他甚至说很多在莫高窟从事了十多年讲解工作的人，都还没有达到这样行云流水的程度。

我当然知道这是刘老师在用适度夸张的手法对我以及所有守望者进行鼓励，但依然不免心内窃喜。这时候老铁站出来送我一个"雅号"——他仿照阿难被称为佛弟子中"多闻第一"，而文殊被称为众菩萨中"智慧第一"的例子，戏称我为"连词第一"。我挺喜欢这个"雅号"，在未来离开敦煌回到江南的日子里，希望自己在敦煌研究院的专家与社会大众之间，也可以成为一个平凡但又不可或缺的"连词"。

早早考核过关之后，我盘坐在249窟美妙绝伦的窟顶之下，认真听着其他守望者的讲述，又发现了几种很有参考价值的讲解方式。比如有人将壁画中的各种异兽结合中国古代典籍做了详尽的整理和讲述：人头龙身（有典籍记载为虎身）被合称为"道教三皇"的天皇、地皇、人皇，它们脖子上分别长有13个头、11个头和9个头；"头似鹿，背有翼"的风神飞廉，《楚辞》中"前望舒使先驱兮，后飞廉使奔属"，就提到了它；人头鸟身的千秋鸟，曾大量出现在中原墓葬壁画当中，象征着千秋万代，魂灵不灭。再加上壁画中的野猪、野牛、奔马、鹿群，简直就是构建起了一座神秘的"动物庄园"。我想这种讲解方式一定会很受孩子们的喜欢吧。

显然，我们这些远道而来"带艺投师"的守望者，没有谁愿意重复别人，都在试图讲述那个真正打动自己的与众不同的敦煌。

"全球首届世博会"

结束闯关，已是午餐时间。我们前往莫高窟第二餐厅用餐。食堂面食品种丰富，极富西北特色。今天我选择的是鸡肉焖面，面条劲道，鸡肉烂熟，大快朵颐。听说樊奶奶如果上洞窟的话，基本都会在这个食堂用餐，不知道这段日子里有没有缘分遇上。

下午开始，我们就正式离开了北朝，即将通过时光隧道，前往隋朝探窟。别看这个王朝只存续短短37年，但在莫高窟却新开及重修前朝洞窟近百个，并在艺术风格上肩负着承上启下的重要作用。

当我们推开420窟的大门时，明媚阳光照亮千佛，巨大塑像目光炯炯，仿佛那个结束了近300年分裂局面的大一统王朝，那个文化艺术上充满了创造力的强盛王朝，被再次唤醒。

"肃肃秋风起，悠悠行万里。万里何所行，横漠筑长城。"时光回溯到隋大业五年（609年），隋炀帝杨广站立在焉支山上，踌躇满志地吟出了著名的《饮马长城窟行》。那时的他刚刚率领数十万大军西巡，从京城长安出发，一路扫平了吐谷浑各部势力，彻底解除了少数民族对河西走廊的控制。

下山入城，隋炀帝在甘州（今甘肃张掖）接见了高昌王以及西域二十七国使臣，"万国衣冠拜冕旒"的大国之威尽显。而各国商人也随使臣们一起云集此地，他们带来了琳琅满目的特产，一时之间，甘州街巷车水马龙，行人摩肩接踵，欢聚通宵达旦，真可以算作"全球首届世博会"了。自此，中原与西域各国之间的丝绸之路再次畅通，东西方文化持续汇流敦煌，而新时代新气象也在420窟令人惊叹的艺术创造力当中得到了淋漓尽致的体现。

阿 难 与 迦 叶

走进窟内，我们立刻就感觉到了420窟跟北朝洞窟的不同。洞窟高大宽敞，气势恢宏，在西、南、北三面都开有佛龛，佛龛中均有高大塑像，四壁绘满千佛图案。站立洞窟中央，感觉到被佛与菩萨三面俯视，心中的震撼难以言说。

刘老师告诉我们，西壁上的主龛是隋晚期全新创造的一种"双层龛"。这种内外双层结构一方面让主佛龛显得更为宽敞，可以容纳更多的塑像；另一方面也让佛龛显得更有层次，即便龛中有多达一佛、二弟子、四菩萨，塑像之间依然错落有致，互不遮挡。

双层龛当中保存完好的7身塑像都是1 400多年之前的隋代原作。虽然他们还保留着"身体比例不太协调"等北朝特点，但已经明显开始注重用高超的技艺，赋予不同的人物以不同的性格。比如在佛陀身旁的一老一少两身弟子像，尽管皮肤部分氧化变黑，但却气韵生动，各得意趣。

大弟子迦叶在中年之后拜入佛陀门下，一直坚持苦修，从未中断，更以"世尊拈花，迦叶微笑"的经典故事，深得佛陀信任。在佛陀涅槃之后，他成为教团统率者。后在鸡足山入定，等待弥勒佛出世接过释迦牟尼佛衣钵后，方行涅槃。420窟的这身迦叶像眉头紧蹙，皱纹密布，瘦骨嶙峋，却又体态正直，眼神坚定，完美呈现出了一个老成持重的佛陀弟子形象。

而小弟子阿难原是释迦牟尼的堂弟，随佛陀出家，后来被选为常随侍者，跟随在佛陀身边25年，谨记佛陀的每一句话，被称为"多闻第一"。文殊菩萨曾经赞叹："相如秋满月，眼似青莲华。佛法如大海，流入阿难心。"420窟的这尊阿难非常传神地表现出了文殊诗意。他面容圆润，相貌清秀，手捧莲花，体态松弛，善良天性和与佛陀的亲近关系，自然流露了出来。

不老菩萨和波斯纹饰

而我的目光早就被阿难身旁的菩萨所吸引。他面容静秀，姿态挺拔，天衣垂顺，给人一种有血有肉、健康活力的美感。最让人惊叹的是，虽然已经过去了1 400年，但菩萨的面容洁白如玉，没有一丝瑕疵，跟身边黝黑的阿难形成了鲜明对比，真的会让人忘记他只是由黏土塑造、彩绘而成。据说，这尊塑像在莫高窟被人称作"永葆青春的菩萨"。于是守望者当中的优雅女士们纷纷上前敬观，不知心中是否在默默祈祷也能如此容颜不老。

双层龛外层的两身菩萨或持柳枝，或执莲蕾，天衣飘逸，裙裾飞扬，衣服上的纹饰更是充满了神秘的异域风情。刘老师解释说，这种外围一圈圆珠环绕内部狩猎图案或飞马图案的纹饰，称为"连珠狩猎纹"或者"连珠翼马纹"。史书中记载，连珠纹是波斯萨珊王朝最流行的图案之一。它在莫高窟洞窟当中的出现，也是隋炀帝再次打通丝绸之路，西域流行文化进入中国的一个具体表现。

看着这些美妙纹饰，我眼前出现了《隋书》中记载的场景：著名工匠何稠仿制了一件极美的波斯锦袍，献入皇宫，文帝轻抚赞叹，爱不释手。虽然历史场景幽深，我看不清楚锦袍上的花纹，但我猜想上面很可能也布满了当时最为流行的连珠狩猎纹吧。

展子虔与密体画

除了西来文化的影响，随着中原王朝对敦煌地区控制和影响的

连珠纹　　　永葆青春的　　阿难
　　　　　　　菩萨

迦叶

加强，莫高窟隋代洞窟当中的中原元素也越来越多。在420窟中，这主要表现在壁画上，尤其是窟顶那幅气势恢宏、风格奇特的《法华经变》。所谓经变，就是用图画的方式形象地展现一部佛经的内容。而

420窟窟顶的《法华经变》正是莫高窟最早出现的大型经变画。

隋炀帝跟《法华经》颇有渊源。据说他还在做

▼ 隋代展子虔绘《游春图》，现藏于北京故宫博物院。它被认为是展子虔传世的唯一作品，也是迄今为止存世最古的画卷，体现了"细密精致而臻丽"的绘画风格。

展子虔遊春圖

晋王的时候，便已经在江都受戒于天台宗，并随智顗禅师学习《法华经》；做了皇帝之后，在东都洛阳又设置了翻译馆，负责佛经的翻译和整理，在此期间，他亲自手抄了多部《法华经》。这些行为自上而下地推动了这部经书在当时的普及和流行。

如果我们能回到隋炀帝时期的长安、洛阳，就会看到大型寺庙都开始流行起以《法华经》为题材的巨幅壁画。很多知名画家都在其中挥毫泼墨，一展身手，而被后世誉为"唐画之祖"的展子虔正是其中翘楚。对于这个名字我并不陌生，我曾在2017年的故宫博物院特展当中，见过他流传下来的绝世名画《游春图》。而他创造出的那种"细密精致而臻丽"的绘画风格，被后世称为"密体"。

史书记载，正是展子虔创作了中国历史上第一幅《法华经变》。420窟窟顶的这幅巨作正是典型的"密体"画风，我想它的原稿或许就来自长安、洛阳某座寺庙中展子虔的恢宏巨作吧。

"细密精致而臻丽"

这幅《法华经变》看上去稠密繁杂，几乎达到了密不透风的程度，加之底色些许氧化，这对于第一次接触这种画风的我们来说，是一个巨大的挑战。如果不是刘老师用手电筒引导我们一点一点地辨认图像，几乎很难看出画面情节。但当我们仔细观摩之后，又不得不叹服于画师高超的技艺：虽然情节众多，但场景之间用无数的花草树木、寺院楼阁、飞流池水等作为分隔，因此杂而不乱；图中每一笔都画得一丝不苟，展现出细节的精致；对佛陀等尊像更加以大量贴金，显示了新王朝富丽繁华的气象。这正是对"细密精致而臻丽"这一特点的完美诠释。

在《法华经变》展现的内容中，我最喜欢《观音普门品》这个章

节中的故事。它塑造出了一个大慈大悲、救苦救难的观世音菩萨形象。壁画中画出了众多的灾难场景：海中怪兽即将吞噬船只、丝路商队遭遇盗匪、落水者即将溺亡……但只要口念观世音名号，菩萨就会即刻现身拯救他们。

我的生日是4月20日，正好可以缩写为420，因此我一直暗自把这个窟作为自己的"幸运窟"。我并不奢望时刻都有"口念名号"即可被观音从苦难中拯救的好运，只希望一直拥有从平庸当中拯救自己的能力。

▲ 420窟位于莫高窟崖壁的第三层。作者的生日是4月20日，因此将420窟作为"幸运窟"。

玄奘之路

今天没有继续"闯关",研究院安排我们前往瓜州,考察敦煌东线的历史地理。瓜州和沙州自古并称,都是敦煌文化的核心腹地。我们今天的第一个目的地锁阳城,距离敦煌有两小时车程,一路上风貌颇为不同,大地起伏如同凝固的波涛。

锁阳城和塔尔寺

锁阳城的名字是在清代才出现的,因盛产形状如同胡萝卜、固精壮阳有奇效的中药锁阳而得名。在历史的更深处,这里曾经是丝路重镇、盛唐古城瓜州的治所所在地。但今天的古城中已是无边的戈壁,四望荒凉,绝无人烟,一簇簇骆驼刺顽强吸吮着干涸的土地。只有黄土夯筑的残破城垣和角墩,还能让我们依稀辨认出这曾是一座繁华城池。

古城边的塔尔寺倒是保留了成片大型建筑的残垣断壁。巨大的佛塔伫立在苍茫天地间,周围环绕着已风化成土柱石峰的众多小塔,以及面目全非的钟鼓楼,仿佛是一群入定千年的老僧。通过这里

恢宏的气势可以想见，这座寺庙当年一定是梵音飘扬，僧侣如云，香火不绝。

▲ 塔尔寺残存的巨大佛塔。敦煌研究院考古研究所正在对这里进行考古发掘。

景区讲解员告诉我们，根据相关史料推测，在约1 400年前的大唐贞观三年（629年），玄奘法师赴印度取经路过瓜州，很可能就在这座寺庙当中讲经说法半月有余。玄奘当时并没有取得朝廷出关许可，他在讲法过程中物色到了西域大胡子石磐陀，并在其协助下，骑着一匹识途老马，从锁阳城出发，成功"偷渡"出关，踏上了艰险重重的西行取经路。虽然石磐陀后来心志不坚，半途而废，"回国自首"，但他还是被后世铭记，并被塑造成了中国家喻户晓的人物——孙悟空。

而孤身一人的玄奘秉持"宁可西向而死，绝不东归一步"的信念，经历了人能够经历的一切险

▲ 通往阳关的古丝路上，孩子们正在玄奘塑像下玩耍。塑像底座上铭刻着：距印度新德里2 600公里。

境，在九死一生之后，终于抵达了古印度。他进入那烂陀寺学佛，最终学业大成，名扬天下。在离国17年之后，玄奘携带657部佛教经典东归大唐。据说，载誉而归的他在我们眼前的这座寺庙中又停留了一个月，开坛讲法，听者云集。只是不知道在某个不起眼的角落里，会不会有石磐陀那无比失落的身影。

丝路上的文化使者

小时候的我，总是崇拜孙悟空，佩服他降妖除魔，法力高强；长大之后才明白，真正伟大的是那个"只会念经"的唐僧。他舍生忘死，穿越大漠，

◀ 白马塔壁画中的僧人正试图翻越巨大的沙丘。其实在丝绸之路上，不仅仅有我们熟知的玄奘，还有鸠摩罗什、法显等众多僧人，为文化交流做出了巨大的贡献。

带回经典，促进了中西文化交流，也展现了一个平凡个体无穷的生命潜力。这种寻求突破自我的精神也让玄奘成为了现代人的偶像。火爆异常的"玄奘之路"活动每年都以锁阳城塔尔寺为起点，鸣枪出发。成群结队的商学院人士组团来到这里，以戈壁奔跑的方式向伟大的玄奘致敬，同时也完成精神上的自我超越之旅。

其实当年往来丝路的，并不仅仅只有因《西

游记》而变得家喻户晓的玄奘。在他之前，东晋和尚法显从长安出发，经丝绸之路，游历西域30多国，带回大量佛经；而西域名僧鸠摩罗什则从龟兹沿丝路东行，终入长安，说法译经，留下无数经典。还有更多不知名姓的僧侣，一直奔波在流沙之中，他们都是中西文化交流中最重要的力量。不管他们的目的地是长安、洛阳，还是龟兹、天竺，在行至敦煌的时候，都会将西域与中原最经典的佛教著作、最流行的佛法经义带到这里，这也给以莫高窟为代表的敦煌石窟源源不断地提供着鲜活内容和艺术灵感。

绝美榆林窟

离开锁阳城，前往榆林窟。道路崎岖，但不时可以看见远方雪山。榆林窟被称为莫高窟的"姊妹窟"，也是敦煌石窟的重要代表。它开凿于榆林河畔，我们沿着栈道下到峡谷之中，两岸断崖千尺，榆树成林，河流卷起白浪，苍凉与清丽兼有，极为赏心悦目。餐厅就在河畔榆林中，午餐是应景的榆钱饭配臊子面，美景加美食，大家吃得唇齿生香、心旷神怡。

午餐之后，榆林窟的资深讲解员带领我们参观洞窟。这里现存石窟40多个，留下了彩塑250余身，壁画约5 000平方米，规模跟莫高窟相差甚远。但我们今天要重点观赏的榆林窟4大特窟——2窟、3窟、4窟和25窟，其艺术之精湛、保存之完好、内容之独特，据说都不在莫高窟诸洞窟之下。

当我在开凿于西夏的2窟中见到那两幅巨大的《水月观音图》的时候，立刻就倾倒于其高妙的意境。整个洞窟仿佛就是一片静谧天地，空中有轻云孤月，地上有奇峰灵岩，观音菩萨就是游戏于山水之中的美人，眉目清秀，自在而坐。她身后是山石修竹，身旁有石桌净

瓶，身前水流潺潺，水中莲花盛开。有童子龙女驾云而来，仿佛有涟漪轻轻荡开，让娴静中又生出灵动来。难怪白居易曾有诗赞水月观音："净渌水上，虚白光中，一睹其相，万缘皆空。"这样将山水与人物、意态与意境、静谧与灵动结合得如此完美的壁画，确实是能让人深陷其中，再无俗念。

讲解员告诉我们，观音就是观世音菩萨，也称观自在菩萨，其早期形象并不像今天我们看到的美人，而是如《华严经》中所说的：勇猛丈夫观自在。随着佛教本土化和世俗化的发展，观音逐渐被塑造成为更有亲和力和母性光辉的女性形象。

我一边听着精彩解说，一边仔细对比着壁画细节，突然发现水月观音背后的山石看起来瘦、皱、

▲ 榆林窟位于榆林河谷当中，水边长满了高大的榆树，景色极美。榆林窟的历史和艺术价值极高，是全国第一批重点文保单位。

榆林窟2窟西壁的《水月观音图》。水月观音这种
主题是由中唐宫廷画家周昉首创。壁画上的观音
前临碧水，背靠石峰，似乎正悠闲地欣赏着天边
的弯月。画面右下角画出的人物被认为可能是西
行的玄奘法师，以及孙悟空的原型——石磐陀，
他们正在礼拜观音。（吴健2003年摄）

透、漏，似乎就是苏州园林中常用的太湖石，不禁心中一动，想起了出发之前给自己布置的那个任务。

又 见 玄 奘

榆林窟带来的震撼当然不止于此。在开凿于西夏的3窟我看见了那幅著名的《五十一面千手千眼观音经变》，画师没有直接画出观音的千手，而是极具创意地用各种器物来代替。其中的"酿酒"之手展现出了一种塔式蒸馏酿造器具，我仿佛能闻到浓郁的酒香从中飘出；而"冶铁"之手则让我见识到了古人是如何使用立柜式风箱连续鼓风冶铁铸造的，那叮叮当当的锻打之声仿佛一直回荡耳边。还有3窟西壁工笔细腻的《普贤变》和《文殊变》，4窟中神秘莫测的密教绿度母，25窟气势恢宏的《观无量寿经变》，都让我感受到了榆林窟不输莫高窟的艺术魅力。

而在两个不起眼的角落里，我又遇见了玄奘。2窟《水月观音图》的右下角，双手合十礼拜菩萨的那人不就是他吗？身后还跟着"孙悟空"和"白龙马"。《大唐大慈恩寺三藏法师传》中说，每当在大漠中身陷险境的时候，玄奘便会默念观音名号，祈求佑护。而出现在3窟《普贤变》之中时，玄奘已从西天归来，身后的"孙悟空"双手合十，白龙马背驮真经。这一去一回之间，17年已经过去，玄奘的脸上多了几分沧桑，而那些千山万水、千辛万苦、千难万险都已经化作了头顶的佛光。成佛之路，从无坦途。

回到敦煌，大家一起去城西七里处的七里镇吃特色烤肉。这是一座很有意思的"石油小镇"，它因青海油田而兴起。从20世纪50年代开始这里就成了青海油田的生活基地，集科研、教育、医疗、文化、休闲等多种功能于一镇。镇上街道宽阔、楼宇整齐，随处可见青海油

▲ 榆林窟3窟西壁上的《玄奘取经图》。玄奘站立于绝壁之上，头顶有佛光，正参拜普贤菩萨。他身后跟着已呈"猢狲"形象的孙悟空，而白马背上驮着莲花座，座上的包裹发出神秘光彩。这一定是他们成功取得真经归来了。（宋利良1999年摄）

田的痕迹，比如"柴达木路""昆仑路"，比如"石油勘探"主题的文化雕塑，等等。据烤肉店老板介绍，七里镇有不少人都是青海石油来自全国各地的员工及家属，随他们而来的还有天南海北的美味佳肴。

我们吃着鲜美无比的烤羊肉，喝着被称为"夺命大乌苏"的新疆啤酒，享受着石油小镇美丽的黄昏。酒过三巡，不知道是谁提议玩起了"真心话大冒险"，据说可以增进彼此了解。于是各种秘闻轶事伴着欢声笑语浮出了水面，确实让我们都重新认识了彼此。

每一个人都是一座石窟，装满了渴望分享的故事和不能言说的秘密。

江南诗人

在守望敦煌的四十天里，除了完成项目组安排的"规定动作"之外，我还交给自己一个任务——在敦煌寻找江南。这两个地方都与我有非常的联系：一个是心之所向，一个是身之所居。敦煌是大漠孤烟下的多元文化，而江南是小桥流水中的诗性生活。两者之间不仅相距数千里，其外在风貌与内在精神都显示着巨大的差异。在敦煌甚至流传有一句谚语：居塞北之人，不知江海有万斛之船；居江南之人，不知塞北有千里之雪。但我却始终相信，在这万斛船与千里雪之间，一定存在着无数微妙的联系，它们彼此呼应，也与我心灵相通。

今天是守望者开营之后的第一个休息日，我很想躺到地老天荒才起床，但脑海中突然浮现出昨天在榆林窟水月观音像当中看到的太湖石，于是不再继续赖在床上虚度时光，决定去禾园附近的敦煌图书馆寻找一下江南线索。

江 南 游 客

沿着水渠，行走在林荫里，完全感觉不到自己身处大漠。周日的敦煌图书馆前来学习的人不少，这里设置了"敦煌文化书籍专柜"，另有一个环境不错的咖啡吧也摆放有大量石窟艺术类书籍。我要了杯咖啡，在这些书籍当中开始寻找江南。

由于这是个"冷门"话题，几乎很难找到直接讲述江南与敦煌关系的专著，我只能在各种敦煌主题书籍当中去搜寻那些有缘片段。一番速读之后，一本介绍莫高窟洞窟当中游人题记的书籍引起了我的兴趣。在没有文物保护意识的古老年代里，这些千年之间游人们一时兴起留在石窟崖壁上的只言片语，便成了我追溯千年之前生活痕迹的关键线索。

我惊喜地发现，莫高窟已知最早的游人题记，恰恰来自一位江南游客。它位于130窟，也就是敦煌第二大佛的脚下。题记中写道："浙江东道弟子张□魏博弟子石弘载，咸通七年三月廿八日。"话语简短，但我知道，唐朝的浙江东道大概相当于浙江省除浙北之外的所有地方，治所在越州，也就是今天的绍兴。而咸通七年（866年）的敦煌，已经摆脱了吐蕃人的统治，重归大唐版图，处于张氏归义军政权的实际控制之下。

我不禁掩卷畅想，这位江南游人跨越千山万水，是因为要看一眼这个被吐蕃人夺走了60多年，如今重回大唐怀抱的西部重镇吗？当他从小桥流水的江南来到了大漠孤烟的河西，心中的感受是否跟今天的我有几分相似？除了这满天的神佛，他在敦煌还与什么样的人和事相遇了呢？

来到敦煌的这段时间里，130窟都在封闭维修，不知道离开之前

◀ 莫高窟130窟窟门处的铁牌，上面写着：130 盛唐（公元705年—780年）。

▼ 敦煌研究院办公区中悬挂的出自莫高窟130窟的《都督夫人礼佛图》，由段文杰先生临摹。

是否有机会进入其中膜拜一下敦煌第二大佛，观赏一番著名的《都督夫人礼佛图》。但即便能够入窟，也很有可能看不到这条题记了，网上有人说它早已剥落了。我的一切发问可能永远都不会有答案，但知道"他"从江南来过，对我来说，或许就已足够。

诗 人 张 球

告别了江南游客，我继续在书海中寻找线索。接近中午的时候，终于又在一本介绍敦煌当地名人的书中发现一个名字——"张球"。虽然书中对他的介绍只有寥寥几句，说他来自江南，是张氏归义军期间重要的文人，但通过网络可以查找到不少专家已经对这位来自江南的诗人有过深入的研究了，比如甘肃社科院的颜廷亮老师、敦煌研究院的李正宇老师、复旦大学的陈尚君老师、中国社科院的杨宝玉老师，等等。从他们的文章当中，晚唐时期寓居敦煌的江南诗人形象，逐渐浮现在我眼前。

张球是越州人，少时读书于江南，颇有才华，壮年行游西北，在河西生活了约三十年，最后终老敦煌。张球还曾开馆教学，在那个敦煌刚刚从吐蕃人手中回归大唐的特殊时期，深谙中原和江南文化的张球，协助这座城市重续了汉文化的火种。

从他留下来的一些诗篇当中，我读到了一个长居敦煌的江南诗人对家乡的思念之情。比如"天山旅泊思江外，梦里还家入道墟"，这里的江外便是江南；比如"镜湖莲沼何时摘，柳岸垂杨泛碧朱"，诗中的镜湖便是今天绍兴的鉴湖，是贺知章等诗人的归隐之处。而我最喜欢的，还是那首《归夜于灯下感受》："长思赵女娟，每忆美人舟。仰首江南子，因循北海头。连天唯白草，雁过又成秋。喜归无恐色，抛却暮云愁。"诗中的张球，并没有近乡情怯，他是那么发自内心地想要拥抱江南。

探寻至此，我忽然有了个大胆的联想：张球会不会就是在130窟当中留下题记的"浙江东道弟子张□"呢？从地点上比对，唐代时越州正是浙江东道的治所；从时间上分析，敦煌遗书（莫高窟藏经洞出土文献的总称）中显示张球在咸通元年（860年）到过朔方（今宁夏银川附近），之后前往凉州（今甘肃武威），再来到敦煌任职，跟咸通七年（866年）的题记比较吻合；从信仰上调查，张球在敦煌遗书中曾自述，完成各种艰难任务，"此皆菩萨加持力也"，这无疑显示出他是一位虔诚的佛教徒，因此也具备了在佛窟中题记，并自称"弟子"的可能。随着这些分析，那位江南游客和这位江南诗人的身影，在我心中渐渐重合。

也许，这只是一种巧合吧；也许，这就是真实的人生！不管如何，我找到了历史深处那位串联起江南与敦煌的诗人。我想今后当我路过130窟的时候，眼前一定会浮现出那个模糊而又清晰的身影：他风尘仆仆而来，虔诚敬心礼佛，然后拿出随身所带的笔墨，在崖壁上恭敬地写下那行字"浙江东道弟子张球"。

日落鸣沙山

下午，杨翻带来了大家非常期待的"敦煌壁画和矿物质颜料"分享会。他首先展示了用宕泉河中的敦煌土制成的泥板，我们上手抚摸泥板并仔细观察，对敦煌壁画的制作有了更直观的了解。古代的工匠们都是先用粗草泥涂抹在洞窟崖壁上，干透之后再用宕泉河床上的敦煌土平整涂抹在粗泥层上，最后在这细泥层上刷上极薄的高岭土或者石灰，完成地仗层的制作。而名闻天下的敦煌壁画，就是绘制在这样的地仗层上。

杨翻还给我们展示了多种矿物质颜料。大家亲自上手研磨，并将其混入动物胶当中，然后在杨翻的指导之下，拿起画笔，蘸上颜料，在泥板上像模像样地"创作"起来。虽然画作稚拙可笑，但也成了我们人生中的第一幅"壁画"。

分享会上，我还在和大家的交流讨论中，解开了心中的一个疑惑。那就是在420窟的双层佛龛当中，弟子阿难和紧邻的胁侍菩萨，为什么会出现一个漆黑如炭而另一个洁白如玉的情况。原来，420窟这样的大型洞窟绝不可能是一位工匠独立完成的。有的工匠会使用铅丹、铅白颜料来给人物上色，这种颜料中的铅极易氧化变黑，就出现了多年之后"阿难"变成了"古天乐"的情况；而其他工匠使用的颜料中不含铅，因此菩萨历经千年，依然面如白玉。

谜题有了答案，心中非常舒畅。在分享结束之后，我约上几位中老年守望者，搭乘禾园少东家的车，前往三危山拍摄落日。车在接近莫高窟的地方拐进了一条崎岖小道，一路颠簸而上，停在山脚。我们开始徒步向三危山顶走去。但走到半山腰的时候，夕阳已经快坠入鸣沙山了。于是我们决定就在这里停下来，开始欣赏这转瞬即逝之美。背后的三危山岩石峥嵘，眼前的鸣沙山波澜起伏，身旁的古塔质朴沧桑。我们架好相机，打开啤酒，或坐或立，在清爽的晚风当中，看着夕阳绽放出最后华光，晚霞将莫高窟上方的天空染成绯红，九层楼逐渐隐入暮色，所有洞窟开始安眠，然后按下快门，举瓶痛饮，敬这闪亮的日子。

▲ 莫高窟420窟中弟子阿难漆黑如炭，而紧邻的胁侍菩萨洁白如玉。

从三危山上眺望落日余晖中的九层楼。莫高窟窟顶是高大的沙丘，莫高窟的735个洞窟便分布在鸣沙山最东端的这片断崖之上。

隋代390窟：飞天！飞天！

莫高窟前的宕泉河没有一滴水。当我第七次走过大桥前往洞窟时，依然只看到干涸的泥土、水流的痕迹，以及河床中央艳丽而孤独的红柳。不知道做一条没有水的河是什么样的感觉，也许就跟没有故事的人生是一样的吧。

考核升级

今天上午要考核对隋代420窟的讲解。原本以为这一关会跟前两天一样轻松，但没想到刘老师今天突然由"和风细雨"转为"疾风骤雨"，考核严格程度上升为零容忍级别。前几位出场讲解的小伙伴们都因为"满身破绽"，被刘老师的"独孤九剑"虐得"体无完肤"，讪讪地败退下来。洞窟气氛骤然紧张起来，连西、南、北三面佛龛中的一众神佛也似乎向我们投来难以言喻的目光。

我们今天的主要问题是"专业性"不够。"带艺投师"为讲解注入新鲜感的同时，也容易带来随意性，这让讲解显得很不严谨。而莫高窟的游客当中藏龙卧虎，一个不慎，可能就会被游客"破功"，坠了莫高窟威名。眼见形势急转直下，没有出场的守望者都迅速拿出"小抄"，开始抱起佛脚来。我暗自揣度，如果依然按照昨晚准备的讲稿上场，估计合格的可能性跟宕泉河发洪水差不太多。因此也赶紧躲进洞窟角落，拿出笔记，对讲稿动起手术来。

一直把讲解稿改到自己感觉已经如同展子虔的密体画那样"细密精致而臻丽"了，我才战战兢兢地上场。今天我减少了自由发挥，力求讲解得完整和准确，最终顺利通过了考核，但感觉丢失了"连词第一"的流畅感。

这个时候我略感轻松地重新打量起眼前这个最具有代表性的隋代洞窟：它成熟而充满了活力，处处体现着千年之前工匠们的精巧用心。但我也知道，在此之前的不少隋代早期洞窟不是这样，它们更多体现着对北朝艺术传统的延续。而我们这些守望者目前的状态可能就如同隋代早期洞窟一样，还正在从"敦煌文化爱好者"向"莫高窟专业讲解员"艰难过渡着。但愿培训结束的那一天，我们都能够实现蜕变，变得像420窟一样美丽成熟，又充满了创造力。

飞天：佛国世界"氛围组"

今天中午莫高窟食堂主食是大肉焖面，吃得很过瘾。午餐之后，我们前往隋代晚期的390窟学习。窟门一开，便看见无数飞天翩翩起舞。四壁上部绘出了一圈极具立体感的天宫栏墙，栏墙之上众多飞天或手持乐器，或手捧供品，体态轻盈，动作优美；而在西壁佛龛顶部的十几身飞天，则呼朋引伴，从天空随疾风而下，裙裾如云，飘带漫天，在土红色的火焰纹衬托之下，更展现出一种热烈奔放之美。看得久了，我感觉整个洞窟之中都有香风吹过。

飞天这一称呼最早出现在成书于东魏的《洛阳伽蓝记》中："有金像辇，去地三尺，施宝盖，四面垂金铃七宝珠，飞天伎乐，望之云表。"但他们最早并非都是美女形象，而是源于印度佛教中的一对形影不离的夫妻——"乾闼婆"与"紧那罗"。乾闼婆是佛国天歌神，飞翔于天宫之上，负责为佛献花、供宝，由于周身散发香气，又叫香音神；而紧那罗则是天乐神，负责为佛奏乐、歌舞。他们都属于"天龙八部"之一，是佛教护法神。后来随佛教传入中国之后，经历了艺术家们的不断再创造，这两个形象逐渐"合体"，并与中国神话中的羽人、仙女等融合，最终演变成为形如美女，歌舞散花，自由翱翔的"飞天"。听到这里，我不禁心

▼ 莫高窟露天壁画中的飞天。虽然面目已毁，但依然可以清晰看见其曼妙身姿：正一边吹着横笛，一边在流云之中飞翔。在曹氏归义军统治敦煌期间，窟外崖壁上绘制了大面积的露天壁画，但历经崖壁坍塌、风沙侵袭、天灾人祸，只有少量保留下来，是劫后余生的珍品。

▲ 源于莫高窟148窟飞天形象的创意设计。六臂飞天正在同时演奏着琵琶、横笛、铙和金刚铃。（来自图虫）

▲ 源于榆林窟15窟飞天形象的创意设计。凌空吹奏横笛的飞天极为美丽。（来自图虫）

▲ 莫高窟景区里的飞天塑像。虽然在佛国世界当中，飞天只是个不起眼的小角色，但是在世俗世界中，她们已经成为了敦煌的象征。

中暗想：原来飞天就是佛国世界的"氛围组"啊。

隋代洞窟当中出现了大量飞天，造型唯美生动。这可能跟隋炀帝杨广的推动有关。《资治通鉴》记载，以"会玩"出名的隋炀帝非常喜欢这一美妙形象，在他的御用图书馆当中，专门设计有精巧飞天。当他来到图书馆门口时，前面引路的宫人只要轻踩隐蔽的启动按钮，馆门上的飞天就会轻盈舞动，并带动帷幔徐徐拉开，仿佛真的进入天宫仙境一般。

看着这漫天的倩影，我心有所感：这原本只是佛国世界小角色的飞天，如今已经成为了敦煌之美在世人心目中的代名词。不管是在敦煌街头，还是在互联网上，到处都可以看到她们的身影，甚至很

多人就是因为被飞天之美所吸引才来到敦煌。这让我想起了我们的人生：再小的"角色"，也会有机会站上舞台的正中央。

美得如同"初恋"

在390窟四壁的天宫栏墙和飞天之下，绘制有一百多铺展示佛陀讲法情景的《说法图》。其中绝大部分都采用"一坐佛二菩萨"样式，主要用以装饰洞窟。

我们近距离仔细观察着这些《说法图》，寻找它们的特点。我发现其中的坐佛，不仅面容各异，衣饰不同，而且结着各种法相，有的正在为众生说法，而有的已经参禅入定；而佛陀身边的菩萨都画得极美，双眼微闭，肤白唇红，腰肢纤细，姿态婀娜，一点都不输给57窟中那身著名的美人菩萨。如果说57窟菩萨是一种雍容华贵之美，那么390窟的菩萨则是一种清纯淡雅之美。我感觉隋代的画师完全是饱含深情地将他们生命中那些乖巧水灵的"初恋"们一丝不苟地画入这神圣的佛国世界中去了。

当我们以为发现了壁画全部秘密的时候，刘老师提醒说，390窟还有一个别称，叫做"华盖窟"。所谓华盖，就是象征尊贵身份的"伞"。这时，我们将视线从那些绝美的菩萨转向了佛陀头顶，发现全窟一百多铺《说法图》中的华盖，竟然无一雷同。它们造型丰富，在不同的垂幔、璎珞、流苏的装饰之下，更显得流光溢彩，也将佛陀衬托得更为华贵。隋代工匠们在这方寸之间展现出来的无与伦比的想象力和创造力，让我们忍不住击掌叫绝。

藻井图案和敦煌灵感

刘老师还重点向我们讲解了另外一种装饰图案，这就是窟顶的"藻井"。所谓藻井，原本是中国传统木构建筑的屋顶中央穹隆状的装饰，因为中国古代房屋大多采用木材建造，古人为了"避火"，就"交木为井，饰以藻纹"，企图利用藻类水生植物形象来"镇压火魔"。后来藻井被工匠们借鉴到了石窟当中，成了一种千变万化、美不胜收的窟顶装饰。

390窟的藻井中心是一朵盛开的莲花，象征着佛法；莲花之外是一圈造型优美、连绵不断的缠枝花卉；再外层则装饰有垂角连珠纹帷幔。整个图案色彩绚丽，层次分明，时尚之中又不失古意。我想如果将这个图案制作成一条文创丝巾，一定会大受欢迎的。

实际上，已经有大量的敦煌装饰图案被植入
了日常生活当中。比如，我们经常使用的水杯、雨
伞、丝巾、手袋、首饰、衣服等，它们成了遥远敦
煌和普通人之间的一种联结；而对于设计这些产品
的设计师而言，历久弥新、永不过时的敦煌图案正
是他们的灵感源泉。

▼ 源于莫高窟390窟
藻井图案的创意设
计。（来自图虫）

莫高窟隋代390窟《说法图》。390窟绘制了100多铺"一佛二菩萨"样式的《说法图》。图中的菩萨都绘得面容清秀、乖巧可人,而佛头顶的华盖更是千变万化、无一雷同,显示出了隋代工匠非凡的创造力。(张伟文2003年摄)

我曾经听过常书鸿先生的女儿常沙娜的故事。她从小跟随父亲在莫高窟生活，在敦煌文化的浸润当中，成长为一名杰出的设计师。常沙娜先生说自己"以敦煌艺术为终身学习对象"，她最为人所知的代表作——人民大会堂大宴会厅的穹顶，正是从莫高窟第31窟的藻井图案当中获得了巨大的灵感。

看着390窟这些绝美的华盖、藻井、连珠纹等，我想我虽然不是艺术家，也不是设计师，但也一定会在敦煌遇见的图案中，挑选出一些最适合的带回江南，把它们巧妙地植入我创建的光影墅文化空间当中。当我想念敦煌的时候，便可以经由它们，从江南眺望河西。

巡礼隋代诸窟

结束390窟的学习之后，我们又观摩了多个隋代洞窟，以巩固所学，并逐渐学会利用洞窟时代特色去推断洞窟的开凿年代。

首先进入的419窟俨然一个缩小版的420窟。主龛塑像非常精美，尤其是迦叶与阿难，我觉得甚至比420窟塑得更为精妙传神，也更为写实，已经隐隐有丰满圆润的唐风了；而窟顶除了也有密体风格的《法华经变》之外，还以同样风格绘制了反映乐善好施主题的《须达拿太子本生》和反映舍身饲虎主题的《萨埵太子本生》。所谓本生，就是指释迦牟尼前世修行的故事。

之后前往427窟，此窟保留了完整的窟檐和前后室。洞窟当中的塑像极为震撼人心。前室的天王和力士都是佛教中的护法神，塑得威猛张扬，让人不禁要赞一句"力拔山兮气盖世"；主室的三世佛高大敦厚，俯视众生，让人不由自主心生敬畏；而菩萨身上的连珠纹图案跟420窟如出一辙，同样是丝路文化交流的明证。主室四壁绘满千佛图

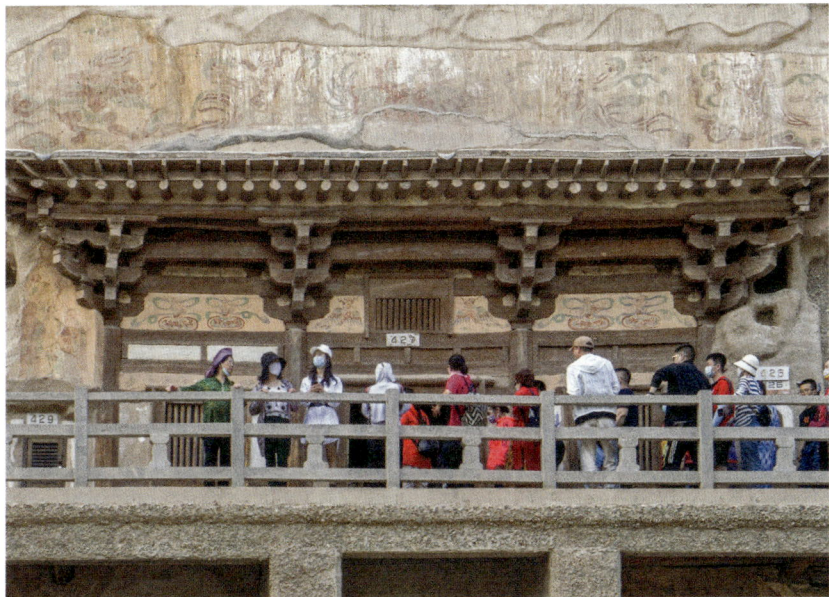

案，精巧的设计呈现出"佛佛相次、光光相接"的艺术效果，让洞窟当中宛如佛光普照。

最后参观的244窟开凿于隋代晚期。我在这里发现了隋代各种典型的艺术特征：越来越注重表达人物性格的佛弟子塑像，跟420窟、419窟塑像艺术特点相同；四壁绘制出了十多铺用于装饰的《说法图》，跟390窟的风格非常接近；而巨大的三世佛塑像又同427窟风格一致。所以走进这个洞窟，我就好像进入了一个满是熟人的房间，频频向这些老朋友挥手致意。

经过这样的比对学习之后，我感觉心中那些原本散乱的珠子，逐渐开始串成了线。也许再给一些

▲ 游客正在莫高窟427窟窟檐下等待参观。此窟窟檐为莫高窟5座唐宋木构窟檐之一，极为珍贵。斗拱之间的拱眼壁上绘制有精美的迦陵频伽和伎乐天壁画。

时间，再进几次洞窟，就会出现一个完整的"连珠纹"图案了吧。

结束学习，走出洞窟的时候，大风扬起了沙尘，鸣沙山上的流沙从莫高窟顶洒了下来，落到了我们的头发上；不久竟又开始掉下了雨点，这在年降水量只有30多毫米的敦煌，算是稀罕事了。一周来已经习惯了这里的蓝天，而这乌云之下、沙尘之内、微雨之中的莫高窟，倒让我看到了它深藏不露的另一种动人。

初唐323窟：壁上江南

闯过隋代两关之后，今天开始进入了"关卡云集"的唐代。这个时期是敦煌石窟艺术的巅峰，但据说几座"一夫当关，万夫莫开"的险关也都集中在此。我们首先来到的是初唐开凿的323窟。这个洞窟的重点是位于南北两壁上的8幅佛教史迹画。所谓佛教史迹画，就是描绘佛教传播过程中的高僧大德或者是圣迹传说的壁画。莫高窟集中展现这一主题的洞窟不多，而323窟正是典型代表。

虽然8幅壁画中有描绘了著名历史事件的《张骞出使西域图》，有画出隋文帝形象的《昙延法师讲经祈雨图》，有展现名僧佛图澄无边法力的《千里灭火图》，但我的目光还是被另外3幅壁画牢牢锁定了，因为那上面描绘的正是我在敦煌不断寻找的江南。

江南故事一：康僧会江南传佛法

洞窟北壁的东侧，绘制的是名僧康僧会江南

莫高窟323窟北壁东侧的《康僧会江南传佛法》局部。画面中的名僧康僧会正乘舟行进于清丽的江南山水之中，他此行的目的就是将佛法传播到江南地区。画作构图简约，意境空灵，代表了唐代山水画的极高水准。（宋利良2000年摄）

传佛法的故事。"康僧会"这个称呼当中，康，代表着他的国家——康居国；僧，代表着他的身份——佛教僧人；会，才是他的名字。跟随刘老师的讲述，以及画中那一叶扁舟，我仿佛回到了1 700多年前的江南。

那是东吴赤乌十年（247年），大帝孙权统治着江南，这里"初染大法，风化未全"。康僧会乘一叶扁舟，行进于江南的清丽山水之中，重峦叠巘，孤帆远影，颇有诗意。舟行前方便是东吴都城建邺，也就是今天的南京。在建邺城中，康僧会"营立茅茨，设像行道"，引起了一些官员的注意。他们将这一"胡人讲佛"的事件报告了孙权，孙权说："昔汉明帝梦神，号称为佛。彼之所事，岂非其遗风耶。"于是欣然召见了康僧会。

孙权问康僧会，佛法有何灵验之处。康僧会便向孙权讲述了佛舍利的神奇莫测，以及当年阿育王修八万四千佛塔供养舍利的故事。于是孙权请康僧会为其求舍利，并说："若能得舍利，当为造塔。如其虚妄，国有常刑。"在经过了二十一天的祈祷和跪拜之后，佛舍利终于出现。孙权来到康僧会求舍利的大帐之外，看见铜瓶当中发出了五色光彩。他让人用铁锤锤击舍利，但铁锤和铁砧都已凹陷而舍利子未损分毫。于是，孙权龙心大悦，下旨为康僧会在建邺修建了江南的第一座佛寺——建初寺，并建阿育王塔供奉舍利。而佛教也就此开始在江南地区得到了大力弘扬和广泛传播。建初寺中的康僧会潜心佛学，所著经文皆"辞趣雅便，义旨微密"，为世所重。

多年之后，孙权的孙子孙皓即皇帝位，想要灭佛毁寺。他曾在宫中后花园掘得佛像，竟然将佛像放入茅厕，以污秽之物浇灌。此事之后，他立刻全身红肿，下身剧痛，遍寻良医，无法痊愈。于是他恭请康僧会入宫，请教缘由。康僧会向他讲述佛法当中的"因果报应"，他拜服受戒，所患疾病随之痊愈。在此之后，孙皓将康僧会所居的建初寺又大加修缮，并且在皇亲国戚当中宣扬佛法，佛教在江南的地位因此得以巩固和发展。东吴天纪四年（280年）四月，孙皓降晋，东吴灭国；同年九月，康僧会于建初寺中遘疾而终。

江南第一寺的前世今生

当看到壁画中出现的江南第一寺"建初寺"时，我内心颇有一些波澜。因为去南京旅行的时候，我曾偶然走进过这座涅槃重生的寺庙。它规模不大，白墙蓝匾，很有几分清泠出尘之感，仿佛就是323窟壁画中的样子。大雄宝殿中挂有"赤乌灵梵"的匾额，彰显着它不凡的出身和悠久的历史。

但在那个时候，我并不知道这座寺庙竟然出现在千万里之外的莫高窟当中，更不知道这座寺庙经历过怎么样的生死轮回。作为继洛阳白马寺之后，中国所建的第二座佛寺，建初寺是江南所有寺庙之祖。今天江南地区不少古寺都将其历史"上溯"至东吴赤乌年间，比如上海历史最悠久的龙华寺、浙江最古老的金粟寺，显然都是希望拉近与"江南第一寺"的距离。

史料中记载，建初寺在晋代"苏峻之乱"当中，被付之一炬，但之后不久便被原址重建。直至隋代，建初寺之名一直频繁出现在各类文献之中，未曾更改。之后更为长庆、保宁等名。最终在元末逐渐消失于历史的荒烟蔓草之中。

虽然专家们对于江南第一寺的传承和旧址莫衷一是，但幸运的是，在2014年，这座一度湮没于尘埃之中的江南第一寺在金陵大报恩寺三藏殿遗址上得以重建。我想不管时代如何变迁，建初寺建筑与寺名如何更替，这片江南寺院的滥觞之地，一直都是佛法的中心道场，世世代代，生生不息。

江南故事二：吴淞江口石佛浮江

洞窟南壁的西侧，绘制的是《吴淞江口石佛浮江》的故事。看到这幅壁画的时候，我愈加兴奋了，因为吴淞江就发源于苏州的太湖，流经了我常住的角直古镇，在流入上海后，被称为苏州河。于是我又随着那河道的无尽蜿蜒，来到了西晋建兴元年，也就是公元313年的江南。

那时候的吴淞江还没有被黄浦江夺去河道，它是长江入海之前的最后一条支流。吴淞江近海处的那片区域，当时被称作"沪渎"，隶属吴郡吴县，是历史上最早的上海。上海的简称"沪"，就来源于此。

壁画讲述了沪渎地区的渔民在打鱼时，发现有两尊石像漂浮海面，以为是海神，于是请来了巫师作法，但海上却风浪大起，渔民们纷纷惊骇而逃。之后，道教信徒来到这里，认为石像既然不是海神，那肯定就是道教天师像，于是设坛作法，迎接天师，但风浪并未平歇。很显然，道教徒们也认错人了。

吴郡吴县的奉佛居士朱膺听说了此事，觉得海上的石像很有可能就是佛像。于是他和一些僧侣、佛教徒斋戒沐浴之后，来到吴淞江口，对着石像唱赞歌。海上顿时风平浪静，两尊石像浮江而至。石像背后都刻有名字，一名"惟卫"，一名"迦叶"，代表的都是过去七佛当中的古佛。（佛经记载我们所在的娑婆世界，过去曾有包括释迦牟尼佛在内的七位佛陀先后在此普度众生。）朱膺等人立于船头，簇拥着佛像驶向了吴郡的通玄寺。岸边有不少村民骑牛赶来，扶老携幼，手持花朵，

▲ 莫高窟323窟南壁西侧的《吴淞江口石佛浮江》故事。壁画绘出的这个地方被称为"沪渎",也就是西晋时期的"上海",当时隶属于吴郡吴县。壁画除了讲述两尊石佛被迎入吴县通玄寺的故事之外,也展示了千年之前江南水乡的风土人情。(宋利良1999年摄)

一派江南水乡的自然天真。

众人将佛像迎入通玄寺，并为其专门打造了一双底座，但佛像沉重，无论如何也无法搬上基座。于是朱膺等人再次斋戒沐浴，礼赞歌颂，佛像自然飘上台座，接受众人参拜。佛寺住持将此事上奏了朝廷，皇亲国戚、平民百姓听说佛像的神奇之后，纷纷皈依佛门，佛教在江南的传播更为广泛了。

从通玄寺到开元寺

两佛像被送入的吴郡通玄寺，正是今天的苏州开元寺。它位于苏州古城的东大街，隐于一处居民小区当中。寺庙残损，剩下一座珍贵的无梁殿，是全国重点文保。我曾经多次到这里探访，无梁殿结构精巧，宏伟庄严，雕刻细腻。但在此之前，我从未想过这座大殿跟千万里之外的敦煌莫高窟能产生什么关联，也从未在那里见过那两尊神秘的石佛，想来早已不知所踪了吧。

在史料当中，通玄寺与开元寺的前后传续，记载清晰。通玄寺始建于东吴赤乌年间，最初位于今天苏州北寺塔所在之处；隋灭陈朝之后，通玄寺被废为平地；唐贞观二年（628年）僧慧颙重建通玄寺，并建有二尊殿供奉惟卫、迦叶二尊者；武后延载年间，曾遣使送珊瑚镜一面、钵一副到寺中供养，并改通玄寺为"重云寺"。从此以后，这座寺庙再未恢复通玄寺旧名。

莫高窟323窟的壁画榜题中有"迎送向通玄寺供养，迄至于今"，相关专家学者正是依靠这一榜题，和"通玄寺"这一称呼的最后出现时间，并结合其他的参考资料，推断323窟开凿于初唐时期。玄宗开元二十六年（738年），通玄寺被改名为"开元寺"，并立唐玄宗圣像。

唐武宗会昌灭佛，开元寺因有玄宗圣像而免祸；唐末开元寺毁于战火；五代后唐同光三年（925年），吴越钱氏在盘门内重建开元寺，也就是今天我们所能见到的残寺无梁殿。

而史料中显示，这一故事还有续集：在佛像迎入通玄寺七年之后，沪渎地区的渔民又在附近的沙滩上发现了一个石钵。这只钵非常奇怪，只要其中盛放了荤腥，就会"有佛像见于外"。渔民们马上联想到了浮海而来的石佛，于是也将其送去了吴郡通玄寺。唐代诗人皮日休在担任苏州刺史幕僚的时候，曾去看过石佛和石钵，"遂观而为之咏"，写下《开元寺佛钵诗》，寄给了隐居甪直古镇的好友陆龟蒙，诗云：

▲ 今天位于一处居民小区当中的苏州开元寺就是敦煌壁画《吴淞江口石佛浮江》故事中石佛被送去的地方。寺庙仅存的建筑藏经阁采用了"磨砖嵌缝纵横拱券结构"，整个楼阁没有梁柱，民间习惯称之为"无梁殿"，又因整个建筑工细精巧，气势不凡，被誉为"结构雄杰冠江南"。

帝青石作绿冰姿，曾得金人手自持。

拘律树边斋散后，提罗花下洗来时。

乳麋味断中天觉，麦麨香消大劫知。

从此共君新顶戴，斜风应不等闲吹。

在守望结束之后回到苏州，我一定会再次前往这座古老寺庙探寻，我也一定会告诉更多的苏州和上海的朋友：敦煌并不是那么高冷与遥不可及，早在1 300多年之前，它已经将我们生活的城市和我们先辈的身影，绘在了莫高窟的崖壁之上。

江南故事三：扬都金像出渚

位于《吴淞江口石佛浮江》东侧的第三幅壁画，讲述的是东晋扬都金像出渚的故事。这里的扬都就是当时的东晋国都建康，也就是今天的南京。壁画上河道纵横，舟楫往来，一派江南水乡的烟水之境。

当时的丹阳地方官高悝在张侯桥下获得了一尊金像。高悝想将金像运到建康献给皇帝。当他载着佛像走到长干巷口的时候，拉车的牛无论如何鞭打都拒绝前行。高悝觉得这应该是某种神谕，因此就将金像供奉在附近的长干寺当中。而多年之后，又有临安渔民在海边发现了莲花金座，有合浦县采珠人在海底发现金像的背光，这两件宝物都和长干寺的金像完全契合。

故事中所说的长干寺，也就是今天南京大报恩寺的前身。2008年文物部门在这里找到了长干寺地宫，并出土了震惊世界的七宝阿育王塔和佛顶骨舍利。我在南京旅行的时候曾专程前去参观，宝塔巍巍，遗址沧桑，但当时同样不知道它和莫高窟的渊源。它们都是我人生的伏笔，等待着今天的恍然大悟。

▲ 莫高窟323窟南壁《扬都金像出渚》壁画当中被美国人华尔纳盗走的部分，是宝船迎接金像的场景。

相比于前面两个故事，第三幅壁画更为传神地展示了江南水乡的风貌，摇橹、拉纤等江南多见的生活情景，描绘得栩栩如生。但非常可惜的是，这幅壁画正中迎接金像的那艘宝船，却在1924年被美国人华尔纳用化学手段粗暴盗走，今天悬挂在哈佛大学赛克勒博物馆中。323窟的南壁上也因此留下了一块永远无法愈合的伤疤。

美国人华尔纳将"江南"带去了大洋彼岸，又是谁把"江南"带到这大漠深处的呢？他与敦煌和江南，又发生过怎样的故事呢？我要翻遍典籍，将这个人找寻出来。我想在千年之前，洞窟落成之时，虽然窟外飞沙走石、滴水成冰，但他一定就那么痴痴地站在这壁画前，回想着久远的往事，眺望着草长莺飞的江南。

初唐335窟：维摩人生

去往莫高窟的路上，天气阴沉，云层如同群魔出世般聚集在鸣沙山顶。一下车就感觉到扑面而来的寒意，冷得不像是6月的敦煌。

但一到洞窟大家却出了一身大汗。上午的计划本来是在323窟中考核，但当我们到达洞窟时，恰巧一拨游客正鱼贯而入。刘老师"突施冷箭"，让老崔替换讲解员，为游客们讲解323窟。猝不及防的老崔明显心跳瞬间突破极值，虽然他故作镇静，但从讲解时抖得像是帕金森病复发的手电筒光圈上，我们感受到了他的紧张。

细细想来，刘老师的这种安排肯定是经过深思熟虑的。老崔是我们当中敦煌知识储备比较丰富的人，他所欠缺的更多是实战经验。我们面对老师或许已经可以神色自若侃侃而谈，但当面对一群陌生游客的时候，是否还能做到灵活自如呢？

老崔的首秀还是非常不错的，没有出现忘词，也没有遭遇嘘声。当他从黑暗的洞窟当中拖着近乎虚脱的躯壳、带着"劫后余生"的笑容走出来的时候，我们都报以热烈的掌声。同时也在思索，如果今天换作我们，是会载誉而回，还是铩羽而归，甚至落荒而逃呢？也不知道我的首秀会在什么时候突然降临，又会是怎样一番难忘的光景。

寺庙中的"院史陈列馆"

午饭后决定去九层楼对面的敦煌研究院院史陈列馆看看。相比窟区内的熙熙攘攘，这里游客少了许多。陈列馆是由俗称上寺和中寺的两座清代寺庙改建而成。20世纪40年代，以常书鸿先生为代表的第一代"莫高人"正是在此成立了国立敦煌艺术研究所，从此莫高窟才被纳入到真正的管理和保护当中。1950年，国立敦煌艺术研究所改组为敦煌文物研究所，1984年扩建为敦煌研究院。

院落古朴幽静，老树枝繁叶茂。我轻轻地走进每间屋子，仿佛前辈们依然在房中工作和小憩。大部分屋子中都摆放着老照片、老报纸和老物件，图文并茂地展现着在无比艰苦的环境中，莫高人是如何清理积沙、维修洞窟、加固崖壁、修复彩塑、临摹壁画，将敦煌之美呈现给世人的。老照片上的每一个人都洋溢着发着内心的微笑，完全感受不到物质的匮乏。但是在那排由马厩改成的老宿舍里，我看见了生活的清苦。房屋简陋，家具都是沙土筑成，"敦煌艺术导师"段文杰、"大国工匠"李云鹤和"敦煌的女儿"樊锦诗都曾在这里生活过，直到20世纪90年代，它才真正"退休"。

常书鸿先生故居也在陈列馆中。虽然陈设简单，但确实像个温暖小家。在简朴的边桌上，我发现了常沙娜写给父亲的温情脉脉的信：

　　亲爱的爸爸，今天是2019年8月30日，我有事又回到了故乡。再次来到当年的故居，在您的像前献上您喜爱的波斯菊花束，和两年前我和新一代家人的家庭团聚照片……时间流逝很快，沙娜也到耄耋之年了……我时时缅怀着您的人生轨迹和精神。女儿向您致敬！

喔，原来常沙娜早已将敦煌、将莫高窟当作了故乡。

清 代 塑 像

　　下午开始学习开凿于初唐的335窟。刘老师首先指出了洞窟中的几处墨书题记：东壁门上有清晰可见的"垂拱二年"字样；而在西壁北侧则需要仔细辨认，才能发现淡淡的"长安二年"。这种有着明确纪年的洞窟被称为"标准窟"，它可以为判断其周围无纪年洞窟的开凿年代提供非常重要的参考。

　　335窟中的彩塑，大部分都经过了清代重修。在之前的323窟中，我们已经领略过了清修塑像的"惨不忍睹"：千像一面，用色艳俗，确实很难给人美的享受。但今天再看这些塑像，忽然有了些不同感受。在那个积贫积弱的王朝末世，这些塑像或许已经花费供养人的所有积蓄，也用尽了塑匠们的全部才华。其艺术水准的确远逊于隋唐精品，但我们这些寸功未建的人又真的有资格去嘲笑一颗全力以赴的心吗？我再次告诫自己，在莫高窟，应该永远保持敬畏。

大唐偶像维摩诘

　　335窟的重点是北壁上那幅气势恢宏的《维摩诘经变》。刘老师告诉我们，《维摩诘经变》在莫高窟出现了68幅之多，且杰作迭出，艺术价值极高。这主要得益于《维摩诘所说经》在唐代的流行。

维摩诘究竟是何方神圣呢？佛经记载，维摩诘是古印度的一位富翁，同时也是在家修行的居士。在唐代，他又成了高级知识分子和贵族的超级偶像。如果能够回到那个盛极一时的王朝，我们将会看到——王维正在辋川别业当中居家修禅，书案上新写的诗句"行至水穷处，坐看云起时"墨迹未干，禅意十足，而他的名和字加起来正是"维摩诘"；李白豪气干云，面对不认识他的湖州司马，吟出那句著名的"湖州司马何须问，金粟如来是后身"，金粟如来正是维摩诘的前世；白居易欣赏完家中歌姬樊素、小蛮的清歌丽舞后，回到居室参禅，他有一首诗就叫做《在家出家》，其中那句"中宵入定跏趺坐，女唤妻呼多不应"，正表现了他如同维摩诘一般在家修行的状况。

这些重量级诗人都将维摩诘奉为人生偶像的重要原因，就是维摩诘的修行方式实在是深得人心。生活中，他妻妾成群，尽享富贵。修行上，他提出不必出家，更无须苦修。他甚至去妓院，说是为了"示欲之过"；他去酒馆，说这"能立其志"；他去赌场，原因是"辄以度人"。这种既不放弃世俗享乐，又可以体味出世快乐的"维摩人生"，很好地解决了高级知识分子们在"出世"和"入世"问题上的矛盾困扰，因而立刻"圈粉"无数。

一场默剧和三个平行世界

莫高窟的《维摩诘经变》在构图上比较容易辨认，以文殊菩萨前来问候生病的维摩诘并和他对坐辩论为主体画面，周围搭配其他一些经典情节。335窟北壁的巨幅经变也是如此，绘制得极为精彩，仿佛正在表演一出想象丰富、情节紧张的默剧。

默剧开演，率先出场的是文殊菩萨，他奉释迦牟尼之命，带领众

◀ 莫高窟藏经洞出土的《维摩诘经变》局部，现藏于法国吉美国立亚洲艺术博物馆。它采用的是跟335窟类似的布局方式。图中的维摩诘居士坐于床榻之上，一手持麈尾，一手做出"不二法门"姿势；床榻之上是他用神通力借来的"狮子座"。图下部画出各少数民族帝王前来听经，居首的是身穿吐蕃民族服饰的赞普。

▶ 莫高窟藏经洞出土的《维摩诘经变》局部，现藏于大英博物馆。专家认为与左图为同一作品的不同部分。文殊菩萨坐于狮子座上，正与维摩诘辩法。背后簇拥着舍利弗等弟子天人。文殊右侧乘云飞来的是维摩诘用神通力化出的"化菩萨"，她将从"香积佛国"化来的饭食倾倒出来，香饭顷刻堆积如山。图下部画出的是前来听法的中原帝王及其臣属。

菩萨弟子，前来探望生病的维摩诘。大家进入居室之后，佛弟子舍利弗看见室内狭小，心中担忧没有座位。维摩诘敏感捕捉到舍利弗的心思，便施展神通之力，到第一个平行世界"须弥相国"，借来三万二千狮子座。这些座位劈空而来，画面极为生动流畅。

默剧第二幕展示了当文殊菩萨跟维摩诘辩论到精妙之处时，佛弟子舍利弗突然感觉到肚中饥饿，而这又被维摩诘发现了。他再用神通力变化出了"化菩萨"前往第二个平行世界"香积佛国"求取香饭。取食回来的"化菩萨"将佛钵中的食物倾倒于地，众人面前的香饭立刻就堆积如山。

至此，默剧进行到了第三幕。当文殊菩萨与维摩诘辩法结束之后，他们联袂来见佛陀。这时舍利弗还沉浸在深深的震撼之中，他问释迦牟尼佛：维摩诘究竟是何人，能有如此神通？释迦牟尼解释道：维摩诘原是"妙喜国"的一位菩萨，特意前来辅助佛陀教化众生。这时候维摩诘再度展现他的神通力，在右手上幻化出第三个平行世界：那里有阿修罗立于碧海中，手托日月，头顶须弥山，山顶上有一佛二菩萨，正是维摩诘的来处——妙喜世界。

默剧到此结束，而我感觉意犹未尽，很想立刻找来《维摩诘所说经》好好通读一遍。继259窟精彩的"二佛并坐"故事之后，我再一次感觉到佛经的趣味性。

在回禾园的路上，维摩诘的形象一直在眼前浮现。我想我们每个人其实都在入世与出世之间徘徊，这本来就是物质世界和精神世界在我们心中的一种拉锯。从维摩诘身上，有人看到的是及时行乐，有人看到的是游戏人间。而对我来说，能多经历和体味世俗世界的美好，又具有驾驭欲望的精神力量，或许才是我想要的"维摩人生"。

那你的"维摩人生"呢？

初唐96窟：敦煌大佛

清晨的莫高窟颇为凉爽，白杨树沙沙作响，紫色野花摇曳林间，燕子在晨光中翩飞，它们把巢筑在了古老窟檐的底下。与这些自然生灵相比，我们待得再久，也只是匆匆过客。守望者一行人来到这里，终究还是夹杂着些许私心、热望与自我实现的。也许无须用力地讲述，刻意地宣扬，只须默默地陪伴，便是最本真的守望吧。

九层楼的前世今生

闯过335窟这关之后，我们来到了九层楼下。今天终于要学习96窟了，在此之前，我们已经多次蹭窟进洞了。初次来敦煌的人，都会被高达45米的九层楼所吸引，以为它是一座独立的楼阁，但其实它只是96窟的窟檐。所谓窟檐，就是石窟的木结构外檐，用于遮挡风沙雨雪。唐代《大历碑》当中的丽句"上下云矗，构以飞阁，南北霞连"，描述的正是莫高窟当年窟檐众多，又有栈道相连，远望如同云中楼宇一般的绝美景象。只可惜这样的景象我们今天已经无缘得见，绝大部分窟檐都已经

红色的九层楼已经成为了莫高窟的标志性建筑，它并非一座独立楼阁，而是莫高窟96窟的窟檐

消失在莫高窟那段荒芜的岁月当中了。今天留下来的最珍贵的窟檐是位于莫高窟最高处的196窟窟檐，它是中国硕果仅存的唐代木构建筑之一。

最有名的窟檐就非九层楼莫属了，它已经成了莫高窟的标志。看着眼前巍巍楼阁，我感觉它像是个在时光中不断变换着模样的守护者：在初唐时候是四层建筑，在晚唐改为五层楼阁，之后数次重建，最后在民国时期变成了今天我们熟悉的样子。但不管容颜如何变化，它始终守护着身后洞窟中莫高窟最大的佛像，以及女皇武则天的秘密往事。

▼ 196窟窟檐是莫高窟仅存的唐代窟檐，也是中国硕果仅存的几座唐代木构建筑之一，极为珍贵。

女 皇 往 事

那是公元690年前，武后临朝称制已久，渐渐有君临天下、代替李唐之心。但李氏诸王起兵反抗，朝野异议不绝于耳。武则天急需为她的行为寻找到政治上的合法性。而此时她的"面首"薛怀义等人，及时进献了《大云经》及《大云经疏》。《大云经》是名僧昙无谶的译作，其中有"净光天女"的故事：她崇尚佛法，曾于佛前听讲经，之后轮回转世成为国王。薛怀义等人借此将武则天渲染成"净光天女"，暗示其当为皇帝；而《大云经疏》则是由薛怀义等人精心炮制的，经书中暗示武则天是弥勒转世，将带来一个全新的净土世界。

武则天见到经书之后大喜，迅速将其颁布天下，并命令长安、洛阳两京与各州修建大云寺，寺中需藏《大云经》，由僧人定期宣讲，并造弥勒像，让天下人都知道她就是弥勒降生。天授元年（690年）九月，武则天正式称帝，建立武周。而远在帝国西北的敦煌，也接收到了这一旨意，据莫高窟156窟前室北壁《莫高窟记》记载："延载二年（695年），禅师灵隐共居士阴祖等造北大像，高一百卌尺。"

石 胎 泥 塑

96窟的壁画在五代时期的一次地震当中全部损毁，今天窟内只剩下一尊高35.5米的弥勒大佛。这是莫高窟第一大佛，也是目前仅次于71米高的乐山大佛，以及36.67米高的荣县大佛的中国第三高的古代佛像。

刘老师说，96窟大佛之所以能够在那次地震当中幸存下来，主要跟它特殊的制造工艺有关。与敦煌其他中小型塑像采用的"木骨泥塑"工艺不同，96窟大佛等超大型塑像采用的是"石胎泥塑"的建造方法。

莫高窟96窟敦煌第一大佛，又称"北大像"弥勒大佛，高35.5米，是世界第一大室内佛像（吴健2003年摄）

▲ 世界第一大佛——乐山大佛，它与敦煌96窟大佛一样，表现的都是未来佛弥勒。

先在崖壁上凿刻成大体石胎轮廓，然后用草泥垒塑，再用麻泥细塑，最后进行彩绘。当年的地震仅仅是震坏了大佛的外部，中间的石胎未受损伤。因此，虽然96窟大佛在后代经过多次重修，但今天我们依然能够领略到其浓郁的唐风。

走进窟内，抬头仰视，可以看到大佛呈倚坐姿态，脸庞丰满圆润，头顶刻画波状纹肉髻，颈部有三道褶圈，目光如炬，俯视众生。右手上扬作"施无畏印"，意为拔除众生所有痛苦；左手平伸作"与愿印"，意为满足众生一切愿望。我们今天所看到的大佛双手，其实是敦煌研究院的作品。因为之前重修的佛手艺术水准较低，研究院在1987年组织专家好手进行了重塑。

洞窟内空间较为狭窄，站在塑像脚下，抬头看见巨大的弥勒佛，比在其他开阔地方的观感更为震撼。有人说大佛的脸部就是按照女皇武则天的面容塑造的，他身上的衣裙也是唐代流行的抹胸装。我没法判断这种说法真实与否，只是觉得大佛更像是乾陵之前的那块无字碑，伫立千年，默默诉说着女皇旧事。

浴 佛 庙 会

大佛的脚下有一条环状通道，可以绕佛礼拜。为了佛像后部道路的采光，工匠还在大佛的脚内侧凿出两个方孔。但可惜现在这条路被拦了起来，据说只有每年农历四月初八浴佛节这一天，敦煌研究院才会将这条通道打开。那天敦煌全城的百姓都会来到这里，绕着大佛连转三圈，以求消灾避难。

关于浴佛节的来历，佛经中有这样的记载：释迦牟尼本是古印度迦毗罗卫国的太子，原名为乔达摩·悉达多，"释迦牟尼"这一称呼是后来信徒们对他的尊称，大意为"释迦这一种族的圣人"。在刚出生这天，有九龙吐清净水，为其盥洗身体。由于适逢中国农历四月初八，每年这天以香水洗浴佛像，成为中国佛教信徒纪念佛陀诞生和供养佛陀的庄严仪式。

浴佛节后来逐渐发展成为敦煌当地民众的礼佛庙会和欢聚节日，持续数天，热闹非凡。我特别羡慕"守望者"项目前两期的学长们，因为他们守望敦煌的日期都是从5月1日到6月10日，正好经历了一年一度的浴佛节，得以看到一个完全不同的莫高窟：大量的敦煌市民来到窟区，除了献上香火之外，还会演奏各种乐器，哼唱敦煌小曲，跳起当地舞蹈；无数人从96窟弥勒大佛的脚下虔诚走过，然后尽情享受欢聚。等到疫情结束了，我一定会在一个美丽的5月重返敦煌，在农历四月初八这天走进莫高窟，抛开所有的羞涩和拘谨，加入到载歌载舞的队伍当中去。

又见舍利弗

学习结束之后，又到了快乐的看窟时间。今天我们观摩了100窟、94窟、29窟和25窟等多个经典洞窟。

其中，100窟、94窟和96窟、148窟、138窟组成了莫高窟旺季的应急窟。为了保护洞窟，莫高窟每天预约参观门票被限制在6 000张。但在旺季，依然会有大量没有预约上正式门票的游客涌入景区，敦煌研究院不得已又推出了一种变通方式，在九层楼以南的区域开辟了"应急区"，并且将上述几个洞窟划为应急窟，持应急票的游客可以参观四个大型洞窟。但这种方式看窟数量较少，讲解内容也不多，更适合到莫高窟"打卡"的观光型游客。

虽然被划入应急洞窟，但100窟和94窟在艺术上毫不逊色。100窟开凿于五代时期，南、北、东三壁的下部绘有规模宏大的《曹议金统军出行图》和《回鹘夫人出行图》，画卷中人物众多，各具特色，虽然它们是仿照特窟156窟中的《张议潮统军出行图》和《宋国夫人出行图》的形式绘制的，但依然不失为珍贵的历史图卷；晚唐开凿的94窟当中，最引人瞩目的是洞窟东壁门上的一朵大莲花，花中宝瓶浮现，又化出无数佛像，这是晚唐才开始出现的壁画题材《千佛变》。

之后观摩了晚唐开凿、西夏重修的29窟，洞窟窟顶画有团龙卷瓣莲花藻井，其中莲瓣翻卷，很有立体感，而浮塑的团龙腾云驾雾，张牙舞爪，极为生动；最后我们走进了宋代的25窟，本窟最精彩的内容是洞窟南壁的《劳度叉斗圣变》，生动描绘了佛弟子舍利弗大战外道劳

▲ 源于莫高窟29窟藻井图案的创意设计。图中的团龙张牙舞爪，形象极为生动。（来自图虫）

度叉的故事。所谓外道，就是古印度佛教对其他宗教道门的称呼。在壁画中，当劳度叉变成大山，舍利弗便化作金刚击碎山体；劳度叉变成水牛，舍利弗便化作雄狮咬断牛脖；劳度叉变成水池，舍利弗便化作大象吸干池水；劳度叉变成恶鬼，舍利弗便化作天神将其镇压；劳度叉变成毒龙，舍利弗便化成大鹏金翅鸟啄瞎龙眼；最后劳度叉变成一棵大树，舍利弗则化作了风神，将大树连根拔起。最终舍利弗大获全胜，外道也心悦诚服，纷纷皈依佛门。

看着这个精彩的故事，不禁又想到了前两天在335窟当中认识的舍利弗。那时候的他还是个尴尬的小角色，连续被维摩诘居士戏弄。但今天看到的他，已经神勇无比，大杀四方了。我想这就是"士别三日，当刮目相看"吧。不管当下的境遇如何，你都是自己生活的主角。我们唯一要做的，就是别让生命裹足不前。

文 体 之 夜

回到禾园，接到通知，守望者团队也将作为敦煌研究院的一份子，参加"庆祝中国共产党成立100周年文艺晚会"。于是经过七嘴八舌的讨论，大家决定到时献上一曲《夜空中最亮的星》。然后便开始在客栈大厅练习起来。练着练着就有些走样，发展成了"守望者好声音"，于是一堆隐藏许久的"麦霸"浮出了水面，有人摇滚狂放，有人深情款款。歌声总是会让人卸下伪装和防备，就如同我在老铁演绎的那首《突然很想你》中，听见了他的决绝与不舍，坚强与软弱。

K歌结束之后，无缝连接本届欧洲杯直播。一群男人啃着香辣鸭脖子，喝着"夺命大乌苏"，看着另一群男人的你争我夺。我从1992年欧洲杯开始，追随"荷兰三剑客"，成为一名狂热的足球爱好者，但自从移居苏州之后，再未下场踢过一次球，甚至连球赛也看得极少了。而在这个夜晚，似乎再次唤起了热爱，也让我重新想起1992年欧洲杯上的"丹麦童话"——丹麦队以最卑微的替补球队身份登场，一路过关斩将，最终在决赛中击败德国队，捧起欧洲杯，仿佛就是那个让人刮目相看的"舍利弗"。

从1992年的那场决赛到今天这个夜晚，30年已经悄悄过去，我成为那个更好的"舍利弗"了吗？

盛唐23窟：只此青绿

清晨，窗外乌云密布，竟然淅淅沥沥地下着小雨，这让我想起了正在梅雨之中的江南。今年的敦煌，雨多得有点与"中国最干旱区域之一"的称号不符了。敦煌每年的降水量都不超过40毫米，而蒸发量高达2 400毫米。何叔说去年一年这里就只下过两场雨。而从我们来到敦煌开始，已经经历过

▼ 云雨之下的莫高窟。图为北区洞窟和窟顶残损的佛塔。

三四次降雨了，虽然每次都短得像一句问候。

我的首次实战讲解

今天上午在96窟闯关。刘老师又开始不按套路出拳了，他让我们直接顶替洞窟门口的讲解员，为购买了应急票的游客进行集中讲解。于是，大家立刻切换成"临战"状态，现场修改讲稿，准备应对首次莫高窟实战讲解。

第一个上场的是张春晓老师，她是大学教授，应对这样的场面简直就是家常便饭。她将游客们管理得井然有序，讲解得也流畅自然。只是因为第一个上场，讲解时间上没有参考，看着持应急票的游客源源不断地涌入，她的讲解比刘老师预想的短了一些。她为此有一些遗憾。但我觉得有点小遗憾挺好，因为最终我们回望这段生活的时候，记忆更深刻的都是这些不完美的瞬间。而没有缺憾的首秀，就跟白开水一样难有回味。

虽然我现在写得云淡风轻，但在张老师讲解的时候，我还是抓紧时间对讲解内容进行了分解和重构。准备好新讲稿后，我们在窟前等待上岗，为了缓解面对游客的紧张情绪，便和被我们顶替的讲解员闲聊起来，发现她竟然跟我是地道老乡。

讲解员的妈妈是敦煌人，爸爸是四川人，从小生活在乐山，长大之后回到母亲的家乡小住，却不想竟留了下来，进入研究院，做了讲解员，一转眼已经七年。她说还挺适应这里的生活，只是敦煌太干燥了，以前从来不用护肤品，现在天天都离不开面膜。从"乐山大佛"脚下，来到"敦煌大佛"面前，人生的河流就是如此奇妙，你不知道在哪一天，它就会突然转弯，奔向一段你从未设想过的生活。

持应急票的游客三三两两汇集过来的时候，就轮到我上场了。为了让自己更自然地投入到讲解当中，在队伍没有聚齐时，我先跟身旁的几位游客简单攀谈起来，一方面可以提前进入状态，缓解压力，另一方面可以拉近与游客的距离，在后续讲解中获得回应。正式开始之后，我先后介绍了九层楼的前世今生，弥勒大佛的初唐旧事，以及石胎泥塑的制作流程。短短几分钟，我的第一次上岗就波澜不惊地结束了。解答了几处浅显的疑惑，得到了几句客气的称赞。没有"故事"发生，也没有出现"事故"，平淡得好像已经在这里工作了很久一样。

大小李将军

自从在335窟知道了盛产香饭的"香积佛国"之后，我们就统一将食堂改称为"香积佛国"了。今天香积佛国上新了一种面食——荷叶饼配腐乳烧肉，好看又好吃。午餐之后前往盛唐23窟学习。一走进洞窟，便发现绿意盎然，仿佛置身于群山环绕之中，有一种无比清凉的感觉。刘老师告诉我们，这个洞窟的壁画几乎都是采用唐代盛行的青绿山水风格来绘制出《法华经》的内容。

喜欢绘画的朋友对于青绿山水都不陌生，甚至很多人极为追捧。我还记得2017年著名的青绿山水代表作品《千里江山图》在故宫展出的时候，我拿出了当年排队买房的劲头，拼着几个小时不喝水不上厕所，就为了在众人的推挤中凑近了看一眼那幅宋代青绿山水的恢宏巨作。但是今天，在23窟当中，我可以在没有玻璃阻隔的情况下，长时间近距离不受打扰地欣赏盛唐青绿山水的原作，甚至都能看见千年之前画师的细微笔触，这真是一种无可比拟的幸福。

青绿山水在盛唐的代表人物是大小李将军——李思训和李昭道。他们父子将这种艺术发展到了极致水平。据说李思训所画的山水屏

▲《千里江山图》是北宋王希孟所画，是宋代青绿山水画的代表作之一。

风，让唐玄宗在夜间听见了潺潺水声。只可惜他们都没有一幅真迹传世，藏于台北"故宫"的《明皇幸蜀图》和《江帆楼阁图》，都被专家们断定为宋人所作。今天我们也只能在莫高窟的洞窟当中，面对着确定无疑的唐代青绿山水原作，去追想大小李将军的风采了。

1300年前的平凡生活

当爱好绘画的同伴沉醉于青绿之间，专研佛经的同伴痴迷于《法华经》之中的时候，我却将目光投向了墙壁上那些1300多年前的平凡场景，我看到我们的先辈曾经怎样自由自在地生活过。

洞窟北壁上，有一幅《雨中耕作图》。乌云弥漫，细雨霏霏，山峦起伏，田畦青青，农夫和儿子正挥鞭策牛，辛勤耕作。农妇冒雨送饭，父子对坐田头，捧碗吃饭，农妇满眼关切。整幅作品诗情画意，温情脉脉。这不就是我们身边普通的农家生活么？

在《雨中耕作图》的下方，是一幅《人间乐园图》。佛塔之前，一人虔诚跪拜，一人随歌起舞，六人席地而坐，吹拉弹唱。几个娃娃正津津有味地聚沙成塔。画面充满了动感、欢乐和童趣。这不就是我们身边正在发生的某场好友欢聚吗？

南壁东侧有一幅《山驿留憩图》，画出了一座山间驿站。驿站中七宝铺地，流光溢彩；庭院内有上房数间，陈设华丽，旅客们对坐桌前，或高谈阔论，或觥筹交错。驿站之外，数骑跃马山间，继续向目的地疾驰而去。这不就是我们自驾旅行途中的一次随性小憩吗？

《山驿留憩图》的上方还有一幅《山居闲谈图》。房舍坐落于山谷之中，青山环抱，百花怒放，有二人对坐闲谈，清茶一杯，淡看自然。这不就是周末时逃离城市隐入山林的你我吗？

即使对佛法一窍不通，也不会妨碍我们欣赏这些美妙画面。这可能就是敦煌之于普通人的意义吧：我们能够如此幸运地看见1 300年之前的盛唐，我们的先人如何劳作，如何欢聚，如何休闲，如何旅行——而他们就是我们。

"吴带当风"

23窟的学习结束后，我们又三三两两地开始蹭窟之旅。今天的运气似乎很不错，遇到了一批过来做研究的兰州大学博士，于是我们就跟在他们后面，凭着守望者的工作牌，蹭到了不少被"封印"在应急区当中的洞窟。

传为唐代画家李昭道所绘《明皇幸蜀图》，现藏于台北故宫博物院，以青绿山水画风展现出人马奔走于崇山峻岭之间的情景。画上有乾隆三十九年（1774年）的御题诗："青绿关山迥，峻嵯道路长。客人各结束，行李自周详。忘为名和利，那辞劳与忙。年陈失姓氏，北宋近乎唐。"

莫高窟23窟《法华经变》之"药草喻品"，为
"使品"以大部为著名的"雨中耕作图"。其中一则
榜题写为"青木药草，大小诸树，百谷苗稼，甘
蔗葡萄，雨之所润，无不丰足"等语句，阐明了
"佛法普润"的寓意。下部则描绘出仿佛在庆祝
丰收的人间乐园图，一方几个拌舞姿武，欢聚
为歌舞的场面极为生动（孙志军1999年摄）

203窟开凿于初唐，佛龛中的主尊佛像造型独特，仿佛是后仰倚靠在山峦之中。右手自然下垂，而左手则将衣角提至胸前。这身塑像背后隐藏的是高僧刘萨诃预言"凉州瑞像"的故事。

那是北魏年间，僧人刘萨诃云游到凉州，礼拜御容山，并预言山崖将出现佛像：佛像如果完整，天下就会太平；佛像如果无头，天下就会纷乱。86年之后，御容山果然碎裂，露出一尊巨大的无头佛像，那时战乱频仍，民不聊生。无论人们如何努力，都没法为佛像安上佛头。直到30多年后，在200里外的地方发现了石佛头，送到御容山，身首相接，严丝合缝。从此，世间风调雨顺，国泰民安。故事很传奇，但刘萨诃的经历更为传奇，他是敦煌历史上的著名人物，不仅自己超凡入圣，而且据说对莫高窟的营建起过巨大的推动作用。不少壁画中都有关于他的内容，不知道今后在其他洞窟还能否遇见他。

建造于初唐的204窟中的塑像非常精彩，尤其是外侧龛口附近的两身胁侍菩萨，身材圆润，面目清秀，姿态自然，通体呈现肉红色，透露出一种其他洞窟中极为少见的少女感，是莫高窟彩塑中的精品。

最后竟然让我们蹭到了著名的103窟。洞窟开凿于盛唐，东壁的《维摩诘经变》虽不及335窟北壁通壁的同题壁画气势恢宏，但极具画圣吴道子的风格：画工用轻盈的墨线，勾勒出了栩栩如生的人物形象。维摩诘居士身体前倾，眉头微蹙，双目有神，五绺长须根根分明，飘逸胸前；而文殊菩萨则容貌儒雅，表情沉静，稳坐钓鱼台。画面淡雅，笔法精湛，其艺术风格正是典型的"吴带当风"。

看着这幅绝世之作，我又想到了大小李将军、吴道子这样的艺术巨匠，他们的名字路人皆知，但却没有一幅真迹流传下来；而创作23窟、103窟壁画的尽是无名之辈，但他们的杰作却保存完好色泽如新。如果有机会，你会在这两条完全不同的道路当中，选择什么样的人生呢？

盛唐148窟：涅槃

今天早晨的23窟考核，又和游客们遭遇了。刘老师再次派遣守望者上阵讲解。由于23窟实在过于狭小，团队拥挤其中，体验并不理想。今天出场的守望者同伴第一次面对这样的情形，在洞窟秩序的组织上不够有力，也略显紧张，这让几位比较挑剔的游客很不高兴，甚至有人因此出言不逊。

面对这样的情况，刘老师一边安慰大家，一边给我们指出了维持洞窟秩序的一些技巧。看着游客的背影，我心中暗想，也许这才是我们未来要面对的真实生活。讲解并不是一件容易的事情，之前一切美好的景象只是我们对它的一种不自觉地"诗化"而已。在未来的工作中，我们将面对二三十个来自不同地方、有着不同经历、带着不同期待的陌生人，想让他们同时满意，似乎是一件不可能完成的任务——岂能尽如人意，但求无愧我心。

敦 煌 围 城

今天要学习的新窟是唐代的148窟。据本窟前室保存的一方石碑记载,这个洞窟由敦煌豪门大族李大宾在唐代大历十一年(776年)前建成。那时候,敦煌本地军民正在奋力抵抗气焰正盛的吐蕃军队。我们走进这个巨大的石窟,就仿佛回到了那个战火纷飞的年代当中。

公元755年,"渔阳鼙鼓动地来,惊破霓裳羽衣曲",安史之乱的爆发,终结了大唐盛世。在艰险蜀道上,唐玄宗一行仓皇逃向成都;在河西走廊上,多支政府驻军紧急奔赴中原;而觊觎唐土已久的吐蕃人在赞普(国王)赤松德赞的亲自指挥下倾国而来,一度占据长安,并迅速攻陷了兵力空虚的陇右河西十多个州郡。

公元776年,瓜州陷落,敦煌(沙州)成为孤岛,整个河西走廊上,还在抵抗吐蕃的唯一力量陷入了绝境。而正是这一年,敦煌人李大宾站立在巨大的涅槃佛前,平静地面对着"死亡",也期盼这座城市的"涅槃重生"。

公元786年,在拼死抵抗了十一年之后,内无粮草、外无救兵的敦煌陷落吐蕃之手。

气势磅礴的《涅槃经变》

刘老师说,148窟代表着莫高窟的一种独特窟型:涅槃窟。整个洞窟从建筑、塑像和壁画,都在表达"涅槃"主题。所谓涅槃,在佛经中指的是摆脱了生老病死的轮回,进入不生不灭的永恒境界。但在世俗语义之中,涅槃往往跟"重生"连在一起使用,代表着一种脱胎换骨之后的新生。

洞窟中最引人注目的当然是长达14.7米的涅槃佛,它头朝南、脚冲北,面向东,累足横卧于佛床之上,仿佛安详入睡一般。涅槃佛跟

96窟的大佛一样，都是采用"石胎泥塑"的手法来制作的。因此即便整个佛像经过了后世的多次重修和重绘，但由于其石胎未变，从其横卧的姿态和流畅的线条中，还是能够感受到盛唐的气息。

虽然塑像经历了后代重修，但全窟的壁画却都是盛唐的原作。1 200多年过去了，依然色彩鲜亮，图像清晰，尤其是横跨了南、西、北三壁的巨幅连环画式《涅槃经变》，总长度达到23米，共绘制出了66个情节、500多个形象，气势磅礴，精妙绝伦。刘老师带着我们详细了解了壁画上的每一个重要情节，从"临终说法"到"佛陀涅槃"，从"抬棺出殡"到"焚棺火化"，从"求分舍利"到"建塔供养"，画面中建筑华美，山川秀丽，人物栩栩如生，俨然真实完整的唐代贵族丧葬过程，其艺术价值和史料价值都不可估量。

在众多的壁画情节中，有一个让我极为动容。那是佛陀涅槃入棺之后，佛母摩耶夫人从天宫赶来，要见他最后一面。于是佛棺开裂，释迦牟尼坐于棺盖上为母说法："世间苦空。一切恩爱，会有离别；一切江河，会有枯竭。"摩耶夫人聆听此语，领悟真义，便拜别佛陀，还归天宫。

佛陀的那段话给了我无比的震撼，"黯然销魂者，唯别而已"，神佛亦然。想起生命当中那些曾经经历的或者终将到来的离别，眼泪几乎就要夺眶而出。

莫高窟最大涅槃佛

结束了148窟的学习之后，刘老师特意安排我们去同为"涅槃窟"的特窟158窟对比学习。158窟开凿于吐蕃占领敦煌期间。由于吐蕃也信奉佛教，在他们统治敦煌的60多年间，佛教得到了继续发展，寺庙

▲ 莫高窟148窟《涅槃经变》的经典情节《棺盖自启为母说法》局部。佛母摩耶夫人生下释迦牟尼七天之后便去世了，因其一生的功德善行，往生于忉利天宫。很多年之后，摩耶夫人听说释迦牟尼涅槃的消息，便匆忙携两名天女从天而降，来见儿子最后一面。于是释迦牟尼从棺中坐起，为母亲最后一次说法。（孙志军1999年摄）

和僧人地位进一步提高，莫高窟也开凿了大量新窟，同时还幸运地躲过了唐武宗发起的"会昌灭佛"。

学习148窟的时候，我心中一直为它鸣不平，觉得如此精彩的洞窟竟然都不能成为特窟。但当我走进158窟，看到长达15.8米的莫高窟第一大涅槃佛时，立刻明白原因所在。这身莫高窟最大的涅槃佛体态协调，睡姿舒展，曲线圆润，双目似闭非闭，嘴角似笑非笑，面容间似乎万缘俱在，却又空无一物。这正展现出了寂灭为乐的涅槃真义，是精品中的精品，与148窟被后代重修过的塑像确实有天壤之别。

不仅塑像传神，158窟四壁的壁画也极具特色，尤其是南、西、北三壁上的"举哀图"，与巨大的涅槃佛一起，用"塑绘结合"的艺术手法，多元地呈现出莫高窟最为杰出的"涅槃"洞窟。

在西壁的菩萨、罗汉、天王群像中，菩萨往往面色沉静，有的甚至会露出会心浅笑，代表他们已经深谙涅槃真义；而有的罗汉则因修行不够，以为佛陀死去，伤心痛哭。我在举哀的群体中竟然看见了熟悉的维摩诘居士，他当年委身于世俗，正是为了辅助释迦牟尼教化众生。此刻他也赶来，在一个不起眼的角落中，默默送别佛陀。

"心如刀割"

南壁绘制的是《弟子举哀图》，其中对大弟子迦叶和小弟子阿难的描绘最为生动。据佛经中记载，佛陀涅槃之前，迦叶带领几位佛弟子在远方山中修行。一天晚上几位弟子分别梦到日月坠落、泉水枯竭、鲜花凋零、大地震动等情景，迦叶因此推知佛陀即将涅槃，遂日夜兼程，赶回老师身边。但最终还是晚了一步，壁画上的迦叶老泪纵横，泣不成声。而小弟子阿难当时则被一众妖魔纠缠，虽然就在佛陀涅槃

莫高窟158窟中长达15.8米的涅槃像，他面容安详，双目半闭，唇带笑意，丝毫没有凡人逝世的老迈或痛苦，仿佛只是安然入睡，展现出"寂灭为乐"的涅槃真义。身后两壁之上绘制的菩萨和罗汉像，表情各异，显示了他们对于"涅槃"的不同理解和领悟。（孙志军1999年摄）

在莫高窟158窟涅槃佛佛脚处，绘制的是各国帝王和领袖前来哀悼的场景。他们身穿各族服装，泪流满面。最引人注目的是其中几位做出了削鼻、割耳、刺胸等自残动作，来表达他们心中的痛苦（孙志军1999年摄）

的娑罗双树林之外，但最终没能见到佛陀最后一面。壁画上的阿难以手遮耳，仿佛正在倾听释迦牟尼最后一次讲经说法。

最令人震撼的，是北壁上的《各国王子举哀图》。以吐蕃赞普为首的多个国家和民族的领袖前来送别，他们神情悲痛，失声痛哭；而一些少数民族的首领更是做出了惊人之举，他们有的举刀割耳，有的双刀扎胸，有的短刀削鼻，有的长剑刺心，用各种自残的方式，来表达他们心中的痛苦，也许这就是真正的"心如刀割"吧。

我以为这样的画面一定是源于当时画工夸张的艺术表现手法，但刘老师却说，在《资治通鉴》中确实有过这样的记载：贞观二十三年（649年）唐太宗逝世，"四夷之人入仕于朝及来朝贡者数百人，闻丧皆恸哭，剪发、劗面、割耳，流血洒地"。而158窟的这幅壁画，成为了这种民俗最好的图证。

盘桓良久，我才恋恋不舍地走出158窟。站在莫高窟崖壁的最高处，举目四望，景色极美。三危山横亘如屏障，山脚下的巨大沙丘上墓碑矗立，常书鸿和段文杰先生，以及二十多位敦煌研究院的前辈们，便长眠在那里，日日夜夜守望着他们的莫高窟，不离不弃，不生不灭！

曲子词中的江南

今天是来敦煌的第二个休息日，自然要睡到自然醒。终于有时间使用我不远千里带来的手冲壶了，然后在咖啡的浓香当中，开始复习明天上午要闯关的148窟；之后稍微准备了一下明天下午要学习的17窟藏经洞。这两个洞窟有个共同点，就是考核的时候只能在洞窟外盲讲，没有任何塑像和壁画的提示，而且洞窟必讲内容极为丰富，堪称十二关当中的"鬼门关"。

午后继续前往敦煌图书馆寻找江南线索，找到了有关敦煌曲子词的读本。敦煌曲子词是莫高窟藏经洞当中所藏的唐五代民间词曲，是"词"这种文学体裁兴起于民间时的最初形态。这些曲子词一度销声匿迹，后来随着藏经洞的开启而重现世间。在这些硕果仅存的歌诗之中，是否藏着我要寻找的江南呢？

春雨、龙舟、江南

先是一首《西江月》吸引了我的注意：

女伴同寻烟水，今宵江月分明。舵头无力一船横。波面微风暗起。　拨棹乘船无定止。渔歌处处闻声，连天江浪浸秋星，误入蓼花丛里。

读着这首词，眼前浮现出一群少女结伴泛舟，夜游秋江的情景。明月在天，微风吹浪，渔歌声声，误入蓼花，船无定止，任其东西。好一派悠远自由的意境！虽然无法确定其描写的具体地点，但我感觉跟江南风物极为相似。

接下来又读到了一首《浣溪沙》：

卷却诗书上钓船，身披蓑笠执鱼竿。棹向碧波深处去，几重滩。　不是从前为钓者，盖缘时世掩良贤。所以将身岩薮下，不朝天。

这首词让我想起了晚唐时隐居甪直古镇的诗人陆龟蒙。陆龟蒙一生布衣，曾在《甫里先生传》中描写自己的江南水乡生活："或寒暑得中，体佳无事时，则乘小舟，设蓬席，赍一束书、茶灶、笔床、钓具，棹船郎而已。"虽然不在庙堂，但他依然关心黎民疾苦，其小品文被鲁迅誉为"晚唐一塌糊涂的泥塘里的光彩和锋芒"。

而除了这种"神似江南"的作品之外，还有几首描绘的确是江南了。比如这首《破阵子》：

日暖风轻佳景，流莺似问人。正是越溪花捧艳，独隔千山与万津。单于迷虏尘。　雪落亭梅愁地，香檀枉注歌唇。兰径萋萋芳草绿，红脸可知珠泪频。鱼笺岂易呈。

词中描绘了一位江南女子思念出征的丈夫的情景。词人所说的"越溪"，正是越国美女西施浣纱之处。我猜想，她的夫君也许正在河西，与敌人性命相搏。

另一首《浣溪沙》让我禁不住轻轻读出声来：

> 浪打轻船雨打篷，遥看篷下有渔翁。蓑笠不收船不系，任西东。　　即问渔翁何所有？一壶清酒一竿风。山月与鸥长作伴，五湖中。

词中的渔翁自由自在，一派隐士风范。结束处所说的"五湖"，在很多典籍当中就是特指江南的太湖——当年范蠡携美归隐太湖，开启了世人所向往的功成身退的隐逸生活。

而最为惊喜的还是一首《泛龙舟》，词中直接写出了那个春风十里的江南城市——扬州：

> 春风细雨沾衣湿。何时恍忽忆扬州。南至柳城新造口，北对兰陵孤驿楼。回望东西二湖水。复见长江万里流。白鹭双飞出溪壑，无数江鸥水上游。泛龙舟，游江乐。

东西二湖、万里长江、鹭鸥翔集、春雨龙舟，词中满是一个游历在外的江南人对家乡扬州的思念之情。

旧时敦煌的端午习俗

春雨之中划龙舟，这描绘的正是江南端午时节的习俗。突然想起来，今天不正是端午小长假的最后一天吗？这首词也许就是这个城市给我的最好的端午节礼物吧。回到禾园，就收到了组织送来的端午小心意：香包福袋。据文献记载，旧时敦煌在端午这天有互赠香包和团扇的习俗。我收到的香包上的纹饰来自莫高窟西魏255窟，寓意是"隐"，倒是非常符合我半隐古镇的生活状态。

晚餐的时候，何叔端上来很多粽子。之前一直听说敦煌因为不产粽叶，所以端午传统美食是不包叶子的"团粽"，又称为粽糕。在藏经洞出土的《端午相迎书》中就写道："喜逢嘉节，端午良辰，献续同欢，传自荆楚，但惭羁泊，何可申怀，空备团粽，幸请光临。"不过现在物流发达，江南五芳斋的粽子，动动手指就送到了面前。

晚餐之后，上网查了查旧时敦煌还有哪些端午习俗，看到敦煌遗书中有这样的记载："风俗：端午日，城中士女，皆跻高峰，一齐蹙下，其沙声吼如雷。"可惜今天乌云弥漫，时雨时停，不适合登山，于是决定沿鸣沙山麓慢跑，以此向古人致敬。

从鸣沙山跑回来的时候，路过党河，夜色之中，波光闪烁。又想起了上午在图书馆找到的那首曲子词《泛龙舟》，仿佛看见那艘龙舟穿越时空而来，正航行在清波之中，而那位离家在外的江南人，站立船头，举酒相邀，要与我这个同在异乡的游子，共庆端午佳节。

晚唐17窟：藏经洞传奇

顺利闯过了148窟的"关卡"之后，我们便聚集到了莫高窟藏经洞陈列馆的院子中。这里原是清代所建的太清宫（俗称下寺），墙壁上保存着题材奇异的壁画。今天我们的主要任务是学习17窟藏经洞。刘老师告诉我们，这个洞窟不容易讲好，它内容极为丰富，但现场能看到的东西却极少，既要能讲出洞窟的特点，又要能持续吸引游客的注意，非常考验讲解员的控场能力。

我还记得第一次看到17窟时的惊讶，这个举世闻名的洞窟竟然只是一个长宽高都不超过3米的斗室，它就位于16窟的甬道上，极不起眼。在莫高窟学习的这十多天里，不管什么时候经过这个洞窟，门口都是人头攒动。每个慕名而来的游客，都在向里面张望，想要看见那段传奇：由一位高僧和5万件文物引出的传奇。

民族英雄高僧洪辩

在没有成为藏经洞之前，17窟是一位高僧的生前禅修处和死后纪念堂——他就是敦煌历史上赫赫有名的洪辩大师。今天洞窟内基本还原了其最初面目：紧靠北壁的禅床上，端坐着洪辩的真容塑像。他面部饱满，轮廓硬朗，目光炯炯，英气勃勃。禅床后的墙壁上画着两棵菩提树，树枝上悬挂着洪辩的净水瓶和随身包，树下分别站着一个手拿对凤扇的比丘尼和一个执杖持巾的近事女。当年张大千来到敦煌时，曾对这幅壁画极为赞赏，认为是莫高窟壁画中的翘楚，并在旁留下了题记："此莫高窟壁画之白眉也。是士大夫笔。后来马和之得其一二爪，遂名家。辛巳九月蜀郡张爰大千来观，赞叹题记。"

洪辩俗家姓吴，他的父亲吴绪芝长期领兵戍守大唐帝国西陲，颇有战功。吐蕃占领敦煌后，吴绪芝依然心向大唐，因此退隐乡野。而洪辩很早就立志普度众生，因此少年出家，潜心佛法。他聪慧过人，不仅大量传译佛经，而且讲经说法，广收徒众。公元832年，他被任命为释门都教授，成为河西地区僧众领袖。

我暗自揣测，在洪辩心中始终会有父亲的影子，以及少年时代父亲为他种下的一颗家国天下的种子。当时间来到848年，敦煌大族张议潮率众起义，试图推翻吐蕃统治，洪辩以其河西僧团最高领袖的威望振臂一呼，僧兵云集，助力张议潮义军，在艰苦卓绝的持续斗争之后，最终赶走了吐蕃人，让河西地区重归大唐王朝。

洪辩不仅是河西的宗教领袖，也是敦煌的民族英雄。今天17窟西壁上，还保留着唐宣宗敕封他为"释门河西都僧统"的碑文。从那以后，敦煌佛教界在他的领导之下，译经不已，讲经不断，法会不停，开窟不止。17窟所依附的宏大的16窟，正是洪辩本人开凿的功德窟。

封 闭 之 谜

如果仅仅如此，17窟还不能算作传奇之窟。因为在莫高窟1 000

名震天下的莫高窟17窟藏经洞，原是唐代著名僧人洪辩的"影窟"（纪念堂）今天窟内北侧的禅床上，依然端坐着唐代所塑的洪辩大师真容像塑像背后的唐代壁画中，画出了洪辩日常所用的布包和水壶。西壁上石碑是唐宣宗敕封洪辩为河西都僧统的告身碑，石碑北侧的几行墨书题记是著名画家张大千所留。1900年，就是从这个小小的洞窟中，出土了5万多件珍贵文物。

多年的开凿史当中，传奇人物如繁星璀璨，不可胜数。但在公元11世纪初的某一天，17窟的身份突然转变。这一天，洞窟前僧众云集，面带愁容，他们毕恭毕敬地将洪辩真容像挪到了其他洞窟当中供奉，然后将大量的佛经、绢画以及一些贵重工艺品堆放其中，之后砌墙封门，并在封闭处绘制壁画作为掩饰。从这一刻起，17窟洪辩纪念堂，变成了那个会在未来震惊天下的"藏经洞"。

刘老师说，17窟被封闭的原因，目前学界看法不一，其中有两种主要观点。第一种是避难说：僧众得到消息，即将有不信奉佛教的异族势力侵袭敦煌，为了躲避战乱，也为了让经书免受战火，僧众将其放入洞窟当中封存。第二种是废弃说：洞窟中的经卷遗书都是当时敦煌僧众抛弃的无用之物。相比而言，我更倾向于认同第一种说法，洪辩大师是敦煌人心中的英雄和领袖，人们怎么会轻易惊动他的真容像，甚至将大师纪念堂改为一个存放废弃物的仓库呢？

不管当时的真实原因是什么，被封闭之后，17窟在大漠当中沉睡了800多年。这800多年间，敦煌经历了无数的风云变幻。统治这座城市200年的归义军政权走到了终点，西夏人成了新的主人，他们在莫高窟、榆林窟留下了精妙绝伦的洞窟壁画；之后蒙古铁骑横扫天下，西夏人国灭身死，丝绸之路重新畅通，莫高窟继续营建，留下了第3窟中千手千眼观音等旷世杰作；接着是明王朝崛起，将蒙古人赶回了草原，并且新建了嘉峪关作为帝国西部的海关，再加上海上丝绸之路繁盛已极，敦煌地位一落千丈。最终明王朝彻底关闭了嘉峪关，敦煌孤悬关外，莫高窟停止营建，所有洞窟无人管理，渐至荒芜。

而在这岁月变迁当中，17窟就像是僧众写给未来的一封信，等待有人在阳光下将其开启，并从中读出多年之前的秘密。

王道士夜探藏经洞

我们跟随刘老师的讲述，来到了清光绪二十六年五月二十六日，也就是公元1900年6月22日。莫高窟荒芜已久，洞窟坍塌残破，壁画暴露于外，窟顶的流沙不断泻入窟中。当时自发管理这个地方的人当中，有一名叫做王圆箓的道士。

王道士大概是在1897年来到莫高窟的。他在这里修复洞窟，供奉香火，并且四处化缘，在16窟的东面建立了太清宫道观，也就是我们今天所处的藏经洞陈列馆。这天，王道士和他雇佣的帮手正在16窟清扫流沙，累了便排坐在北壁甬道下休息。有人抽起了烟袋，不时在墙壁上磕碰烟锅头，突然发觉墙壁有一种空洞回声，他们因此怀疑墙后藏有密室。入夜之后，王道士等人凿穿墙壁，看见满室的经文绢画——沉睡数百年的藏经洞，终被开启。

我边听边想，王道士打开藏经洞时会是什么样的心情呢？肯定是极为失望的吧！如果我们身穿夜行衣，手拿破壁杆，小心又谨慎，半夜摸入窟，一顿操作猛如虎，定睛一看纸和土。不仅没有金银财宝，很可能还得贴上一顿夜宵，你是不是也要气得七窍生烟了呢。

但王道士并不知道，他发现的确实是一个价值连城的宝库。这堆落满了尘土的纸，是从公元4世纪至11世纪的各类珍贵文献资料及艺术品。它们涵盖了政治、经济、军事、文学、天文、地理、医药、科技、民族、宗教、艺术和生活等各个领域，其中一些还是以龟兹文、粟特文、梵文、突厥文、回鹘文、于阗文、古藏文等罕见文字写成。

王道士也不会想到，这批宝藏会在不久的将来震惊世界，他的名字会因为这些宝藏的出现而被人频频提起，他的人生更会因为宝物的流散而卷入巨大的争议当中。

▶ 王道士在莫高窟。他的人生随着藏经洞文物的流散而陷入巨大的争议之中。

探险家来了

从1900年到1907年，王道士曾多次向地方政府汇报藏经洞事件，并将一些保存状况不错的经卷和绢画送到了他能接触到的清朝各级官员那里，企图换回一些奖赏，以完成他继续修缮洞窟、架设木桥等心愿，但都没有得到官吏们重视。当然在这个过程中，他也并没有将实情和盘托出，很多人并不

▶ 法国汉学家伯希和因为通晓汉语，很快取得了王道士的信任，被准许进入藏经洞中挑选文物。

知道他发现的经卷、绢画等竟有数万件之多。

从1907年开始，得到消息的外国探险家们纷至沓来，英国人斯坦因、法国人伯希和、日本人橘瑞超和吉川小一郎、俄国人鄂登堡先后用低廉的价格，从王道士手中骗购藏经洞文物约4万件，敦煌藏经洞5万多件文物中的大量精品就此流失海外。而王道士将得到的钱用于莫高窟的维护以及佛像的重修，直至去世依旧一贫如洗。

在这些探险家中，法国人伯希和虽然不是最早来到藏经洞的，但拿走的藏经洞文物品质却是最高的，这是因为伯希和是一个造诣高深的汉学家。他的目光主要集中在了四类经卷上：第一，非汉文的卷子；第二，带有写经题记的卷子；第三，估计没有被收录在"佛藏"中的经卷；第四，非佛教的典籍和文书。眼光之狠，出手之准，令人瞠目结舌。

刘老师说，在他的实际讲解经历中，每个游客听到这段藏经洞的文物流散历史的时候，都不免会唏嘘感叹，并开始对王道士的行为议论纷纷。对于讲解员来说，这是一个极好的和游客进行互动交流的机会。但我知道，评价一个历史人物并不是一件容易的事，决不能简单用"好"与"坏"来定义。任何一个历史事件的背后，其实都可能包含着一个

▼ 1908年，伯希和探险队来到莫高窟，正从427窟门前通过。当时的莫高窟一片荒芜，大量窟檐损毁，洞窟前室坍塌，很多塑像和壁画就直接暴露在阳光和风雨之下。

人在特定的历史背景之下，极为复杂的心路历程。因此，在未来的讲解生涯当中，引导游客们一方面看到王道士的初心、曾经做过的努力，另一方面也看到他给洞窟造成的损伤，和客观上所带来的藏经洞文物的流失，多辩证思考，不轻下结论，或许才是我最应该做的。

王道士去世之后，他的弟子们为他起塔立碑。这座塔今天还矗立在莫高窟陈列中心外的道路上。我并不觉得那是一根耻辱柱，那上面写满的，是王朝末世中，一个小人物的无知、努力、愚昧、狡黠、私心、宏愿、侥幸、无奈……

最有可能留住藏经洞文物的人

结束了17窟的学习，有人留在陈列馆当中参观，有人前往窟区看窟。我没有加入大家的行列，而是走到"乐乐茶咖"，要了杯冰咖啡，打开笔记本电脑，靠窗坐下，偶尔抬眼，就能看到矗立在人流穿梭中的王道士塔。

在藏经洞陈列馆中学习的时候，展板上的一个人物引起了我的兴趣——1902年至1906年期间，担任甘肃学政的苏州人叶昌炽。叶昌炽与我居住的角直古镇上的沈家颇有渊源，他为慈善家沈宽夫所写的墓志铭，今天还静静地放置在沈宅的展厅之中。我想他或许就是一根细而坚韧的丝，能够再次将河西与江南，敦煌与苏州，甚至藏经洞与角直古镇，奇妙地联结起来。

在网上查阅大量资料之后，我发现叶昌炽应该是当时最有可能拯救藏经洞文物的人了。他担任甘肃学政的时间，正是藏经洞被发现不久，外国探险者还没有闻风而来的空窗期；而他本人是晚清著名的金石学家，也收到了来自敦煌县令进献的敦煌遗书和相关文物，应该能够

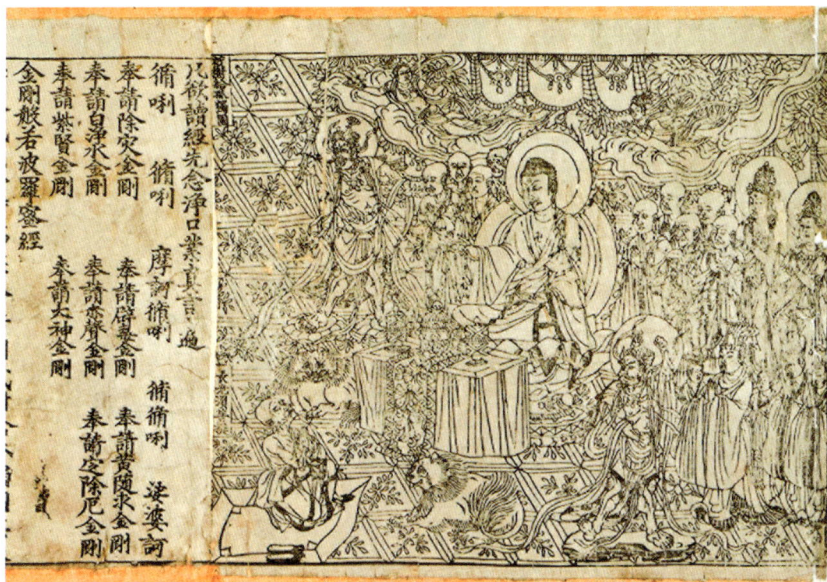

判断出藏经洞文物的价值。在叶昌炽得到的文物中，就有《大中五年洪辩告身牒碑》拓片，或许他也曾与藏经洞最初的主人有过跨越千年的神交。

然而，因为种种原因，叶昌炽最终没能拯救敦煌遗书。1905年，科举制度废止，来年学政职位撤销，叶昌炽回到苏州。随身的行囊中，就有出自藏经洞的《宋乾德六年水月观音像》、绢本《水陆道场图》等文物。后来因为老年无子，晚景凄凉，叶昌炽不得已将这些文物转售他人，最后流落海外。

回到苏州的叶昌炽，就居住古城花桥巷七号花桥老屋中，直至病故。我想结束守望生活重回苏州

▲ 莫高窟藏经洞出土的《金刚经》，现藏于大英图书馆。它印制于唐咸通九年，即公元868年，是世界上现存第一部标有年代的雕版印刷品。佛经卷首的《说法图》也被认为是全世界现存最早的有纪年的版画。

▲ 伯希和带走的莫高窟藏经洞
文物之一，唐代彩绘绢本《行脚
僧图》，现藏于法国吉美国立亚
洲艺术博物馆。画中的行脚僧手
持佛珠，背负行囊，前悬灯盏，
携虎而行，同当年西天取经的玄
奘形象颇有些相似。

的时候，一定要去这里探访。它或许已经面目全非，但是在这座屋子
当中曾经存放过多件藏经洞文物，它们跨越千山万水而来，在这里串
联起敦煌和苏州；它或许已经多次易主，但它曾经的主人就在这里写
下过他一生的遗憾。

　　午后，张閤如来，言敦煌又新开一石室，唐宋写经画像
甚多，为一法人以二百元捆载去，可惜也！……鄙人行部至
酒泉，虽未出嘉峪关，相距不过千里，已闻石室发现事，亦
得画像两轴、写经五卷，而竟不能罄其宝藏，辎轩奉使之为
何！愧疚不暇，而敢责人哉？！

五代61窟：五台佛光

今天进入莫高窟较早，窟区目力所及之处，空无一人，有种全窟包场的霸气感。但可惜17窟的考核开始之后，就变成霸气侧漏了。

今天遭遇了讲解培训以来的第一次"短路"。17窟非常小，游客们不能进入其中，同时此窟又是每一个游客必到之处，团队很多，因此正式讲解只能在远离洞窟的地方盲讲，没有任何洞窟图像可供参考。再加上今天有纪录片团队跟拍守望者学习生活，我在讲解到一半的时候，突然感觉到了莫名的紧张。

而当我意识到自己紧张的时候，这种紧张就瞬间嚣张了数倍，彻底把头脑里面的洞窟内容全部挤了出去，导致大脑出现"黑屏"。由于现场没有任何图像可做提示，我估计自己至少黑屏了20多秒，对着空气尬笑了数次，忝称"连词第一"的我，终于也第一次出现了"无词可连"。最后我强制重启了大脑，把后半段内容还算顺利地讲完了。17窟真像是一个"黑洞"，今天不只是我在这里"短路"，另外两位平时解说流利的小伙伴，也纷纷在这里"翻船"，我高度怀疑我们在那一刻被王道士附体了。

另外，这一窟还出现了几个极易"跑偏"的词语。比如洪辩法师被封为"河西都僧统"，一旦记成了"河西都统僧"，就很难纠正过来；比如来到藏经洞的探险者"吉川小一郎"，如果念成了"小川吉一郎"，即刻就会在大脑当中生根。为了能够"去伪存真"，大家都像学习相声贯口一样练习起来。于是，洞窟考核结束之后，依然能听见藏经洞陈列馆院落中，回荡着绵延不绝的"河西都僧统""河西都僧统""河西都僧统"的奇异呼唤声。

曹氏归义军

从17窟通往61窟的路挺长，一路听着刘老师的讲述，就感觉自己正从晚唐慢慢走向五代。对于大唐来说，这是一个四方割据、波诡云谲的没落时代；而对于敦煌来说，这又是一个英雄辈出、风云际会的特殊时期。

在公元848年，敦煌英雄张议潮率军起义，赶走了吐蕃人，被唐王朝封为"归义军节度使"，成为了河西地区事实上的统治者。张议潮及其子孙统治敦煌的时期，就被称为"张氏归义军"时期。当历史推进到晚唐五代之交的时候，此时的"归义军"已经没有了张议潮手握河西十一州的盛况，管辖的主要区域收缩为瓜、沙二州，而手握权柄的是张议潮的孙子张承奉。他试图重现祖父往日的荣光，同时与东西方向的甘州回鹘和西州回鹘政权开战，但却被两面夹击，损失惨重。最终在后梁乾化元年，也就是公元911年，张承奉被迫与甘州回鹘签订了屈辱的城下之盟。

张承奉病逝之后，沙州豪门大族公推曹议金为节度使，拉开了

"曹氏归义军"政权的大幕。而我们现在走进的 61 窟，就是由曹氏归义军第四任节度使、曹议金之子曹元忠所开凿修建的。由于窟主不同凡响的身份和地位，61 窟也具有了远超他窟的宏大气势。

从《五台山图》到佛光寺

这个洞窟当中最震撼人心的是西壁通壁所绘制的《五台山图》，这是莫高窟最大的一幅壁画，总面积达 46 平方米。整个壁画极为精彩：上部云移风动，绘制了各种天人飞临五台，赴文殊菩萨法会；中部描绘了五台山五峰擎天，寺院云集，各种灵异画面，穿插峰峦之间；下部则展现出从河北镇州（今河北正定县）经五台山到山西太原之路，以及沿途的风土人情。

我们仔细观察着这幅壁画，就像多年以前梁思成和林徽因在书中初见这幅壁画时一样。这对著名的建筑学家夫妇在法国人伯希和编写的《敦煌石窟图录》一书中见到了这幅《五台山图》，他们仔细端详，思索良久，最终将目光聚焦在了图像当中描绘出的一座寺庙上，那就是——"大佛光之寺"。

1937 年，在战争阴云笼罩之下，梁思成和林徽因踏上了前往五台山的道路，最终在一个偏僻的区域发现了佛光寺东大殿。这是中国硕果仅存的唐代殿堂式木构建筑，被梁思成誉为古建筑当中的"第一国宝"。它的发现打破了国外学者关于中国已经没有唐代建筑的谬论，也给当时处于水深火热中的中华民族注入了一针强心剂。

看着窟壁上的大佛光寺，我不禁想到了我生活中的另一座寺庙。梁思成、林徽因夫妇在 1934 年也来过我居住的甪直古镇，他们特意到此考察镇上的保圣寺大殿。这座江南地区屈指可数的北宋木构大殿，

大佛光之寺

莫高窟61窟西壁《五台山图》中绘出的"大佛光之寺"。1937年,梁思成和林徽因正是在这幅图的指引下找到了中国硕果仅存的唐代木构建筑佛光寺东大殿。东大殿建于唐代大中十一年(857年),是中国现存规模最大的唐代木构建筑及第二早的木结构建筑(建造时间仅次于五台县的南禅寺大殿)。(宋利良1999年摄)

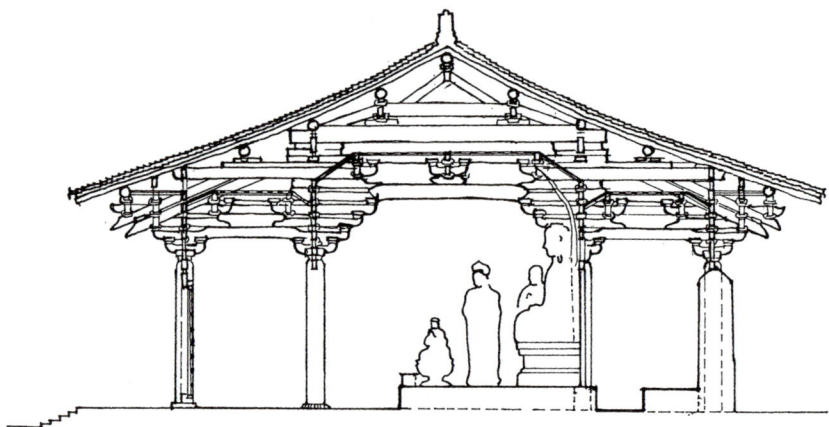

▲ 梁思成手绘山西佛光寺东大殿。他将这座建筑誉为中国古建筑"第一国宝"。

就没有佛光寺东大殿那么幸运了。在梁林夫妇来到甪直之前，它被作为一件残损的生活用品，而不是珍贵的艺术作品，毫不留情地彻底拆除了。

《五台山图》深深打动我的地方，还在于它留下了1 000多年前的平凡生活场景。图画之中有农夫正在推磨铡草，有山人正在砍柴负薪；有店家正在屈膝迎客，有伙计正用杠子压面；有商人正在拉驴前行，有驼队正在翻山越岭；有香客正在献上供品，有信徒正在塔下跪拜；有老友路中偶遇，有新客山间问路；有人山中遇雨，有人城内小憩……

每一次在壁画之中看到这样没有名姓的小人物，我都觉得亲近。他们像极了我和身边熟识的那些平凡朋友，每一个人都在认真地生活，享受人世的欢乐，也承受凡间的苦痛，创造着人间的鲜活百态。在只有满天神佛的地方，如果看不到自己，那于我和我的生活而言，又有多少现实意义呢？

华衣之下的外交婚姻

不仅仅是巨幅的《五台山图》，61窟里几乎所有的东西都是"加大号"的，也包括供养人像。所谓供养人，就是出钱修窟供奉佛祖菩萨的人，他们的画像有资格被留在窟壁上。在之前我们看过的很多洞窟当中，供养人像都画得很小，位于洞窟最下部，常常漫漶不清。但在61窟中，由于供养人地位显赫，画像极大，几乎与真人等高，尤其是女供养人像，衣饰华美，妆容典雅，让人见之忘俗。刘老师告诉我们，这一窟的供养人像不仅仅是研究古代服饰妆容的绝好素材，还反映出了曹氏归义军政权真实的生存环境和成熟的外交手段。

如果回到五代时期，我们将会看到：敦煌城内张灯结彩，喜气冲天，曹氏归义军的首任节度使曹议金正在迎娶甘州回鹘可汗之女天公主，归义军与东面的甘州回鹘正式联姻。我们还会看到：敦煌城门大开，送亲使团绵延数里，这是曹议金将他的一个女儿嫁给于阗国王李圣天，归义军与西面的于阗国也结成秦晋之好。多年之后，曹议金又将他与天公主所生的一个女儿嫁给另一任甘州回鹘可汗，实现了亲上加亲。曹氏归义军正是充分利用了联姻这一手段，为自己的统治争取到了良好的外部生存空间。

这些联姻中的关键人物也出现在了61窟的供养人像中。洞窟东壁南侧的壁画上，排在首位的供养人像身着回鹘装，她正是曹议金的回鹘夫人天公主；第二位供养人也着回鹘装，她正是曹议金和回鹘夫人的长女，嫁给另一任甘州回鹘可汗为妻；第三位供养人着于阗装，她正是曹议金的另外一个女儿，嫁给了于阗国王李圣天；而排在第四位的供养人则是曹议金的原配夫人广平宋氏。按照我们熟知的传统礼仪，

莫高窟61窟东壁南侧的女供养人像，几乎与真人一般大小。从左开始，第一位身着回鹘装，她是窟主曹元忠之父曹议金的回鹘夫人；第二位同样是回鹘打扮，她是曹元忠的姐姐，嫁给了回鹘可汗；第三位则身着于阗装，她是曹元忠的另一个姐姐，嫁给了于阗国王李圣天；第四位是曹元忠的生母广平宋氏。（吴健2005年摄）

广平宋氏应该排位靠前，因为她既是曹议金的原配夫人，又是窟主曹元忠的生母。但事实上，她只是排在了第四位，甚至站在了两位女儿辈的妇人之后。很显然，这是亲情让位于政治了。

于 阗 王 后

在这几身供养人像中，最为引人注目的就是站在第三位的于阗王后。她头戴凤形金冠，鬓插华丽步摇，身穿大袖襦裙，颈戴绿玉项链，脸贴美妙花钿，仿佛随时都会从墙壁上走下来。

看到她脸上时尚的花钿，我想起一个南朝故事。那是一年的正月初七，含章殿前梅花树下，宋武帝刘裕的女儿寿阳公主，正在卧榻之上仰面小憩。清风拂过，梅花飘飞，正好落在了公主脸上，留下了一个花瓣状的印记，而且久洗不掉。宫女们看见之后觉得很美，于是争相效仿，将梅花贴在自己脸上，流行一时的"梅花妆"就此诞生。

我仔细端详着这位远嫁于阗的曹家女儿，试图从她的眼睛里读出一些心情。但她似乎面无表情，不喜不悲。这或许是长期生活在异国宫廷而修炼出来的"保护色"吧。作为一场政治婚姻的女一号，她远嫁异族，身入西域，放弃了儿女情长，肩负起家国安危，在无人护佑的地方，她必须隐藏起真正的喜怒哀乐，因为任何一点松懈，带来的都有可能是身死国危。

我无法猜测这位曹家女儿获悉自己命运之后是何心情，她嫁入于阗国之后又是否有过孤单无助。但从敦煌遗书中的记载来看，她如同文成公主一样，非常出色地完成了自己的使命，对两个政权关系的稳定起到了重要作用，她的亲生儿子后来也继位成为于阗国王，为双方带来了长期的和平。但比文成公主幸运得多的是，这位于阗王后在暮年又回到了阔别许久的家乡敦煌。只是不知道当她像我一样站立在这幅供养人画像之前，看见自己年轻时的样子，故人故事心上过，眼中是否依然还能如此无喜无悲。

"十 二 星 宫"

当我正在与这位于阗王后神交的时候，有同伴好奇地问："这一窟为什么没有男供养人像呢？"刘老师回答说："原本曹氏家族的男供养人像都绘制在洞窟甬道两侧的墙壁上。"但我们抬眼看去，那里只有满天的神佛。刘老师指着位于甬道壁上不起眼的边角处的一幅孤零零的画像解释道："在元代或者西夏时期，那些高大的男供养人像，被这位洒扫尼姑雇人新画的壁画给盖住了。"

所谓洒扫尼姑，就是寺庙中负责清洁工作的尼姑。她供养的这幅壁画，正是莫高窟壁画中的孤品《炽盛光佛图》。我惊奇地看到，壁画中除了有可以"消灾避难"的炽盛光佛、九曜星神、二十八星宿之外，竟然还画出了十二星座：双子、处女、白羊、双鱼……刘老师告诉我们，这其实是源于古巴比伦的"黄道十二宫"。

据说这套星宫体系自隋代传入中国之后，宋代时已经广为流行于民间。我的偶像苏东坡，也是一位超级星宫发烧友，虽然不知道他是否每天都要看看星宫运数之后才会出门，但他曾经在文章中写道：

> 退之诗云：我生之辰，月宿直斗。乃知退之磨蝎为身宫，而仆乃以磨蝎为命，平生多得谤誉，殆是同病也！

可见东坡不仅能够熟练推断别人的"星宫"，而且可以分辨是"太阳星宫"还是"月亮星宫"，进而还能根据所属"星宫"给人"算命"。这不，他就给大诗人韩愈和他自己算了一次：因为韩愈的"月亮星宫

十二星宫：根据莫高窟61窟甬道《炽盛光佛图》中的十二星宫形象绘制的星宫图，每一个形象都惟妙惟肖。（李玮铭制图）

金牛座
双子座
巨蟹座
狮子座
处女座
天秤座

（身宫）"是摩蝎（羯），而东坡的"太阳星宫（命宫）"也是摩羯，所以两人"多得谤誉"，同病相怜。想到这里，我心生慨叹：当年东坡先生窘迫黄州，要是拿出"星宫占卜"这一压箱底技能，哪里用得着日晒雨淋春耕秋忙啊！

虽然十二星宫很让人惊喜，但我还是对那幅孤零零的洒扫尼姑像更为在意，画像中人物身形瘦弱、姿态虔诚。在某年某月某日，正是这个地位卑微的小人物，用尽她一生的积蓄，请画师为她在甬道上画上了这幅全新的《炽盛光佛图》。而与此同时，"曹氏归义军"那些显赫一时的大人物们，便被她和她唯一的壁画永远地遮盖了。

246窟：重层壁画

早晨通过了61窟的考核之后，经过敦煌研究院的批准，大家又在这个宏大的洞窟当中录制了"敦煌文化守望者"讲解实况。十个守望者，每人一段，一镜到底，不作剪辑。所有人都打起了十二分精神，整个过程如行云流水，一气呵成。我想这段短小的视频将成为另一把无形的"莫高窟钥匙"，不管今后我身在何方，想念敦煌的时候，打开这段视频，它都会带我重返这段无与伦比的生活。

录制结束后，前往246窟继续学习。这是一个开凿于北魏，又在西夏被重修的洞窟。它曾经可能充满了浓郁的西域色彩，但后来被重新塑造成了清新淡雅的风格。我总觉得这样的洞窟很像我、老铁、老崔这些中年守望者，我们曾经过着某种平凡生活，但在某一天，都被敦煌改变，又开启了完全不同的另一种人生。

西夏人入主敦煌

刘老师的讲述是从西夏攻占瓜、沙二州开始

的。时光回溯到公元1036年，敦煌城外，西夏王李元昊的大军已兵临城下，内无粮草、外无援军的末代归义军节度使曹贤顺出城乞降，统治敦煌120余年的曹氏归义军政权灭亡，莫高窟进入了西夏时期。

西夏也是一个极为崇尚佛教的国家，历任皇帝都大力提倡翻译佛经，修建佛寺，提高僧人地位，敦煌石窟在这个阶段也得以继续发展。西夏人将开窟重点放在了榆林窟，我们十多天前在榆林窟观赏过的2窟、3窟，都是西夏时期留下的不朽杰作。而此时莫高窟的崖面上几乎已经没有地方开凿新窟了，因此西夏人在这里主要是以重修前朝洞窟的方式来展现自己的存在感。史料记载西夏的多位皇帝曾下旨要求重修莫高窟洞窟，而246窟就是这样一个被他们重新改造过的洞窟。

"为什么能够判断出这个洞窟是西夏重修的北朝洞窟呢？"刘老师开始考察我们对莫高窟洞窟知识的融会贯通程度了。经过这段时间的集训，我们这群带艺投师的人已经感觉初窥门径了。于是敦煌"福尔摩斯"们开始抽丝剥茧般地推理起来："首先，这个洞窟所处的位置，在整个崖壁的中间，靠近明确为北朝风格的248、249、254、259等洞窟，据此推断，246窟应该开凿年代较早。"另一个人补充道："还有，这个洞窟的建筑形制，是北朝时期最为流行的人字披结合中心塔柱的形制，在隋唐及以后出现相对较少。"最后有人说："这个洞窟的壁画大面积使用绿色打底，呈现出一种独特的清泠'冷色调'，符合西夏'绿壁画'的艺术特点。"刘老师欣慰地点点头，看来对于众人经过两周修炼之后的"武学修为"较为满意。

又见"二佛并坐"

246窟的窟型是典型的人字披结合中心塔柱的形式，也就是洞窟前部模拟中国传统房屋的"人"字形屋顶，后部则有大型的中心塔柱直通窟顶，而且塔柱上一般都会开佛龛立塑像，方便信徒们绕塔礼拜，这是莫高窟北朝时期的主要窟型。而我们已经学习过的两个北朝洞窟259窟和249窟，恰巧都不是这种窟型的典型代表。在进入隋唐之后，覆斗顶型的洞窟成为最流行的样式，它的窟顶形如一个倒扣过来的"斗"。

我们看到在246窟中心塔柱的正面，开有一个大龛，中间塑造的是我们已经非常熟悉的源于《法华经》的"二佛并坐"。这个题材的主尊塑像在莫高窟仅见于259窟和246窟当中，我们非常幸运地都遇上了。但246窟的塑像风格跟259窟的北朝风格明显不同，佛陀和菩萨都塑得容貌逼真、身材匀称、表情自然、色彩淡雅，不失为彩塑精品。

再次见到"二佛并坐"塑像，感觉非常亲切。自从集训第一天学习259窟之后，这个词语就已经进入守望者们的灵魂深处。现在我们一看到有两个人单独坐在一起，便会脱口而出"二佛并坐"，就如同一看到食堂餐厅就会叫出"香积佛国"一样。这样的条件反射很可能会伴随我们一生。不知道在守望生活结束的时候，我们会积累下多少有趣的词句，成为只有守望者们才能够听懂的"语言"。

重 层 壁 画

洞窟的四壁绘满了"千佛"图案。刘老师告诉我们，在莫高窟拥有壁画的492个洞窟当中，有超过300个都绘制有"千佛"，因此莫高窟又被当地百姓称为"千佛洞"。我靠近壁画仔细观察这些图像，发现每尊小佛均为结跏趺坐（两足交叉置于左右股上的盘腿坐法）；头顶悬有华盖，展现出佛陀的高贵；眉间有白毫、头顶成肉髻，显示了佛相的不凡。而左右两个佛像之间都有墨书榜题，使得整个画面在连绵不绝当中又具有一种节奏感。

刘老师说，榜题所写的都是这些佛的名字。千佛图像并不是随意创作的纯装饰图案，而是根据佛教经典《千佛名经》来绘制的。这个洞窟当中900多个小佛像，就有着900多个不同的佛名。虽然佛名都很陌生，但对于信徒们来说，不管书写还是诵读，都是一种功德积累。

我正端详这些写得一丝不苟的榜题时，忽然在墙壁上发现了一条短而深的裂缝，裂缝下隐隐透出了不同的纹理和色泽。我跟刘老师汇报了这一"重大发现"，他笑着说，这就是经过后世重修的洞窟的重要特色之一——重层壁画。工匠对前朝壁画进行了覆盖重绘，这使得原有壁画成了洞窟的秘密，被封存在了历史的暗影之中。

据说在莫高窟，有的洞窟壁画多达四层。因为上层壁画的遮挡，下层壁画免受了阳光风雨沙尘的侵蚀，反而可能保存完好。这就好像有很多人很多事，以为已经淡忘了，但其实它们只是被暂时覆盖而已，某一天剥去表层，才发现那些记忆依然明艳如新。

由于目前壁画保护还没有完备的方案，这些底层壁画还不能被揭开面纱。我看着面前这道缝隙当中露出的下层壁画，就如同看着一个令人期待的"盲盒"。在这个科技日新月异的时代，也许很快，它就会被以某一种方式安全地打开，展现给我们一个从未见过的惊喜。

"莫高窟收容所"

246窟学习结束之后，继续在窟区蹭学。蹭学洞窟的好处是可以听到其他讲解员的讲解，不仅可以了解洞窟内容，还能够学习带团技巧；但坏处就是只能随着团队行动，没有办法对洞窟的细节进行仔细观察。不过我们很快就会迎来终极考核，如果成功拿到莫高窟钥匙，那就可以做到两全其美了。

今天先蹭到了唐代328窟。这里有8身唐代原作彩塑，极为震撼。佛陀庄严，菩萨风流，弟子个性鲜明，衣饰华美，仿佛就是现实生活中的贵族形象。之后进入了隔壁的329窟，这里有被称为莫高窟最美的"莲花飞天藻井"，飞天飘逸，云气纵横，动感十足，确实远胜我们学过的390窟的藻井。两窟门前人头攒动，显然都是热门洞窟。最后进到了门可罗雀的"冷门"洞窟初唐71窟。窟中的5身塑像，保存完好，用色典雅，和328窟的塑像相比，也不遑多让，尤其是阿难和迦叶的塑造似乎更显精神。

然而，71窟的壁画大量脱落，毁坏严重，而且我发现残留下来的部分也呈现出了像是被烟火熏黑的情况。我用手机一查，竟然查出了莫高窟一百年前的一段辛酸往事。1921年，一股在俄国十月革命中溃败的白俄残部，流窜到了中国境内，他们打家劫舍，无恶不作。新疆当地部队和政府想尽办法控制住这批"兵匪"之后，将其交给敦煌地方政府管理，而愚昧的地方官员竟然将他们全部安置在了莫高窟的洞窟当中。

于是璀璨的文化遗存就这样变成了乌烟瘴气的"收容所"。这些白俄军人明目张胆地将洞窟和寺庙的木构拆毁作为柴烧；肆无忌惮地在洞窟内生火做饭，将珍贵壁画熏得漆黑；还对泥塑折手断腿，在墙壁上乱刻乱划，给莫高窟带来了无法挽回的巨大损失。

我看着71窟里的烟火色唏嘘不已，心中又想到了323窟南壁上的那块伤疤。在无人管理的日子中，莫高窟便如同一位乱世佳人，垂涎其美的人，如华尔纳之流，便想方设法来剥离壁画，盗窃塑像；而有眼无珠的人，如白俄残部之流，便视之如草芥，肆意践踏。不管谁来，受伤的都是莫高窟，也许这就是它在乱世之中悲惨而无奈的宿命吧。

元代3窟：千手千眼观音

很喜欢敦煌的夏天，虽然阳光实力强劲，但由于气候干燥，几乎不会汗湿衣衫。想起这几天江南正笼罩在湿热难耐的梅雨季节之中，暗自庆幸自己终于拥有了一个干燥清爽的初夏。

今天上午我们要面对的是终极考核之前的最后一个难关：246窟。每一个人都准备得非常充分。老铁的讲解依然展现着文化自信，徐赟的陈述还是那么稳重大方，杨翻气势如虹滔滔不绝，老崔专业严谨、丝丝入扣，张春晓老师旁征博引、引人入胜……而我也终于恢复了"丝般柔滑"的讲解水准。每一个人都在不知不觉当中成熟与自信起来。

听着大家的精彩讲解，看着身边的重层壁画，我突然想到：许多年之后，当我们回望这段难忘时光的时候，或许眼前都会出现一幅奇特的属于守望者共有的"重层壁画"，每个人在这幅画当中都有属于自己独特的一层，而这十层又神奇地融合成为了一个整体，展示着一段不甘平庸的生活。

通过246窟的考核之后，我们就成功闯过了

"莫高十二关"。两周的时间中，我们在刘老师的带领下，穿行时空，走过了莫高窟大部分重要发展时期，了解了不同时期洞窟的历史背景和艺术特色。在北朝的259窟和249窟中，我们震撼于莫高窟早期强烈而粗犷的西域风格；在隋代的420窟和390窟中，我们惊叹于大一统王朝源源不断的艺术创造力；在唐代的323窟、23窟、335窟中，我们沉醉于盛世之中石窟艺术的巅峰魅力；在五代的61窟中，我们领略了节度使家族带来的宏大气势；与此同时，我们还感受到了吐蕃、西夏等不同民族带给莫高窟的清新之风。

在海量信息的集中轰炸之后，在导师的悉心指导和点拨之下，守望者们也许可以算是小有心得了。但同时我也越来越强烈地意识到，面对着如同无边大海一样的敦煌文化，今天的我们仅仅只是掬水在手的孩童。

莫高窟绝唱

由于时间紧任务重，在培训的12个洞窟当中，并没有元代洞窟，这让我有一种不完整的感觉。于是考核结束之后，我没有跟大家去蹭窟，而是来到了莫高窟陈列中心。这里展示着8个非常经典的复原窟，其中一个就是我心心念念的开凿于元代的3窟。由于3窟洞窟狭小，保存状况也不理想，虽然艺术价值极高，但一直处于不开放状态，很难得见真容。而陈列中心的这些复原窟，都是出自敦煌研究院名家之手，还原度非常高，可以借此窥见洞窟的精妙。

我站在3窟的复原窟前，向莫高窟最后的辉煌致敬。仿佛能够看到成吉思汗的铁骑横扫亚欧，黄金家族睥睨天下，丝绸之路重获新生，敦煌莫高窟也因此迎来了它的绝唱。3窟是莫高窟唯一的"观音洞窟"，在南北两壁上绘制着两幅巨大的"千手千眼观音"。观音菩萨端立壁画

◀ 莫高窟3窟中的千手千眼观音。观音共有十一张脸孔，圆形背光之中用线条勾勒出了千手千眼。上方为两尊持花供养的飞天，东侧是因主张祭祀时杀生而坠入地狱但最后皈依佛门的婆薮仙，西侧是福德圆满的吉祥天女，下部东侧为三面六臂的护法金刚和猪头毗那夜迦，下部西侧则是三面八臂的护法金刚和象头毗那夜迦。（吴健2003年摄）

正中，细眉弯眼，修鼻樱唇，面容圆润，仪容慈悲。身后圆形的背光当中，千手千眼，一丝不苟，象征着观音将尽其所能，以千眼观众生之苦，以千手济天下之难。

在艺术手法上，整个观音形象纯用"线描"，几乎达到了炉火纯青的地步。画面中的每一根线条，都仿佛拥有独立的生命，它们将人物面部的圆润、姿态的挺拔、衣物的柔软、裙裾的飘逸，都传神地表现了出来，给人以无与伦比的视觉享受。同时，整幅壁画色彩淡雅，显示出了宋元文人画兴起之后的艺术潮流。

民 间 艺 人

我努力在北壁千手千眼观音的左侧，寻找一排淡淡的墨痕，但始终未能如愿。据说那里留下了洞窟画师的签名：甘州史小玉笔。在莫高窟数百个洞窟当中留下了超过45 000平方米的壁画，但几乎都没有留下作者的姓名，虽然他们当中一些人的艺术水准和学养修为并不输于同时代的名家巨匠。

我忽然想起来敦煌之前的一段经历。那是今年5月，在上海交大文博楼参加守望者出征仪式，主办方安排我们观摩了交大教授、著名画家戴敦邦先生的画展。戴老师是江苏镇江人，擅画人物，作品气魄宏大，笔墨雄健传神，艺术造诣很高，但他常自称为"民间艺人"。

我对这个称呼很感兴趣，发现"民间艺人"这个自号来源于戴老师1979年的敦煌之行。他在石窟当中临摹、速写了半个月，艺术上得到了启发，心灵上也感受到震撼。他发现莫高窟的洞窟都是民间自发建造，而塑匠画工都没有留下名字，只能被叫做"民间艺人"。为了向这些留下了无数杰作却不知名姓的敦煌工匠们致敬，他开始称呼自己为"民间艺人"。

其实像戴老师这样从敦煌满载而归的江南人并不少。比如著名的书画大师，常州人谢稚柳，在1942年随张大千前往莫高窟精研艺术，临摹壁画，这个经历对于他后来在艺术创作以及古书画鉴定方面所取得的非凡成就有着重要影响；又比如出生于苏州的著名画家吴作人，在20世纪40年代随英国学者李约瑟到敦煌，考察洞窟，观摩壁画，收获了巨大的艺术灵感。

这些来自江南的艺术家从莫高窟的"民间艺人"那里得到了艺术的馈赠，也用他们的方式回报着敦煌。但他们也许不知道，"民间艺人"并非真的无名，在600多年之前，莫高窟营建最后的辉煌当中，时间之神曾经安排一个人，掌着灯，提着笔，在3窟不朽的千手千眼观音像之旁，留下了千年以来，所有"民间艺人"的集体签名：甘州史小玉。

莫高窟萌宠"乐乐大王"

走出陈列中心，到"乐乐茶咖"买了杯咖啡，也顺便看看那条叫做"乐乐大王"的网红萌犬。乐乐的"狗生"也颇为传奇，它出生在莫高窟，5岁的时候被当时喂养它的人带回了敦煌城区，但它在第二天就告别新家，徒步20多公里，经过两天跋涉，返回了莫高窟，继续着它每天巡窟的生活。我去的时候，乐乐正趴在屋子里享受空调。它现在的生活很惬意，敦煌研究院的工作人员给它布置了舒适的窝，每天巡窟累了有窟区内的电瓶车代步，经常会收到来自全国各地"粉丝"们的爱心投喂。我想它应该算是一名特殊的莫高窟守望者，和我们一样，因为冥冥之中的某种指引，回到这里，开启不甘平庸的生活。

　　返回禾园，正好王实的同学过来"探班"，于是我和老崔、老铁这几把"老骨头"，便"聊发少年狂"，跟三个小伙子在夕阳余晖中踢起球来，"禾园联赛"拉开帷幕。晚饭之后，"禾园钙帮"正式成立，大家轮流购买当地牛奶，供帮众集体补钙。和"三个猛小伙"队激烈对抗之后，愈发感觉到补钙重要性的我，也加入其中。当大家喝着鲜奶聊着洞窟的时候，我更深切地感受到，这不只是一次至所未至的旅行，也是一段心有所属的生活。

首发签位

明天就是终极考核日了。这最后一关将充分展示我们目前的"武学修为"，并决定我们在这一段的特训之后，会成为一名忙碌的莫高窟讲解员，还是一名悠闲的饮水机管理员。

抓阄仪式

一到莫高窟，刘老师就带领大家举行了神圣而公平的抓阄仪式，以决定明天考核的登场顺序。很显然，抽中首发出场的这一位，将收获所有人的同情。因为他将要面对的状况实在是太惨不忍睹了：第一，他将要在明天的正式考核当中，第一个抽取考核洞窟，并随即开始，完全没有时间和机会拿出"小抄"，痛快地抱一抱佛脚；第二，他将要代表所有人多考核一部分内容——"莫高窟概况"，这也意味着他在考核过程中露出"破绽"的概率将会倍增；第三，他将完全无法从旁窥探"高手考官"的武功套路——是更喜欢严肃认真，还是更青睐活泼创新——因此只能"一条道走到黑"；第四，他第一个出场，代表守望者团队给考官们的第一印象，绝不能给他们留下守望者"不过尔尔"或者"名不副实"的感受，内心的压力可想而知。

抽签之前，我一直在想，我应该以什么样的方式去安慰抽中"首发"的这位同伴，以显得既风趣幽默，又没有丝毫幸灾乐祸。但其实我完全是多虑了，因为收获了海量同情的这个人，就是我。当我打开纸条，看见上面那个简简单单的"1"，心中悲欣交集，很想涅槃。显然生活不允许我采用简单模式度过这四十天。那就迎难而上吧，40岁的"少年"。

心不在焉的特窟参观

抽签结束之后，我带着悲壮的心情，拖着沉重的脚步，跟随刘老师继续学习了两个精美绝伦的特窟——220窟和217窟，这两个洞窟当中的壁画都是莫高窟艺术的巅峰之作。我期待从这些精美绝伦的艺术当中，缓解一下紧张情绪，获得一些精神强援。

在220窟当中，我见到了东壁《维摩诘经变》当中大名鼎鼎的《帝王图》，它展现出了"万国衣冠拜冕旒"的盛世气象；我见到了北壁《药师经变》中曼妙飘逸的胡旋舞乐，它散发出蛊惑人心的别样风情。

在217窟当中，我见到了北壁《观无量寿佛经变》中绘制出的庄严华丽的亭台楼阁，那是已经消失于时间当中的盛唐精妙建筑群；我见到了南壁《佛顶尊胜陀罗尼经变》中绘制出的青绿山水，那是可以直追大小李将军的杰作珍品。

从以上毫不走心的感受可以看出，我在如此珍贵的洞窟当中明显有一些心不在焉了。脑子当中挥之不去的都是"考核阴云"，应该如何安排剩余半天时间，对所学洞窟进行系统复习？应该如何避免紧张，以防止我"连词第一"的英名毁于一旦？应该如何才能打响头炮，以扬我"敦煌文化守望者"之威名呢？

洞窟攻坚战

中午在"香积佛国"简单吃了两口黄面，感觉失去了往日的美味。匆匆赶回了红房子，开始了第一轮洞窟攻坚战。

我先把所有经过自己修改整理的洞窟讲稿通看了一遍，然后将洞窟分为了三类：烂熟、刚熟和半熟。我看着几个半熟洞窟，不禁心中叹息：如果考洞窟跟烤牛排一样，五分熟的也会有人喜欢，那该多好。其实一个洞窟就跟一个人一样，具有完全不一样的容貌、性格和气质。有的跟你"八字相合"，于是感觉不费吹灰之力就自然流畅了；也有的跟你"五行相克"，于是费尽九牛二虎之力还感觉强扭的瓜不甜。

对我来说，强扭的瓜主要有两枚：一枚是96窟，一枚是148窟。总是感觉一讲到这两个窟的时候就不太兴奋，甚至有点想肃静回避。硬着头皮将两窟内容都再度梳理了一遍，讲解大纲全部记在手机上，但心中暗自期待：也许明天就抽中了我最爱的323窟呢？

"纸上谈兵"结束之后，决定利用最后一些时间，再到洞窟实地预演一下。之前在九层楼前认识的讲解员不顾工作疲惫，带着老铁、杨翻和我，将所有考核洞窟又走了一遍，我们重点观摩了259窟、335窟等一些学习时间较久的洞窟，以便增强印象，唤醒记忆；然后蹭听了几位专职讲解员对部分洞窟的诠释，再度感受到那种讲解中的逻辑性和节奏感；之后连续进入96窟和148窟，试图利用最后的机会，跟这两窟破除隔阂，建立感情，实现两情相悦、琴瑟和谐；最后也跟讲解员请教了一些消除紧张情绪的经验。渐渐开始觉得心中有底了。只要不挑到那两枚强扭的瓜，我感觉自己都应该可以轻松驾驭，而且自信讲稿中的个性发挥将展现出守望者"谈笑间樯橹灰飞烟灭"的精神面貌。既然今天已经运气爆棚抽中首发，明天必定会否极泰来一帆风顺。

吃过晚饭，大家都自觉地暂停了一切娱乐活动，回到自己的房间，去和洞窟们继续培养感情。这应该是我从大学毕业之后，就再也没有经历过的情景了。渐至深夜，我自觉大功告成，合上电脑，准备休息。隐约听见外面还有洞窟讲解声传来，不知道是谁，还在和他那几枚"强扭的瓜"纠缠不休。

终极考核

连闯十二关之后，我们终于迎来了终极考核日。在前往莫高窟的路上，大家都抓紧最后一点时间，自我安慰式地复习着手机上的"小抄"，车中不免弥漫了一些紧张情绪。副领队詹啸宽慰大家说，420窟窟顶的《法华经变》中绘制着"观世音救济诸难"的情景：遇到困难的时候，只需默念观音名号，即可得救。比如有救风难、救海难、救怨贼难、救牢狱难等，据说其中也有"救考试难"。于是全车哄笑，大家都默念观音名号，一路向莫高窟疾驰而去。

"三 颗 炸 弹"

刘老师已在小牌坊等候，并向大家介绍了令人瑟瑟发抖的考官阵容：来自敦煌研究院文化弘扬部的五位专家老师。对于我们这些集训了二十天的"弱鸡"来说，他们简直就是五把锃亮的牛刀。

接下来就轮到我首发出场，抽取今天的第一个考核洞窟了。在所有洞窟当中，有三个是大家避之唯恐不及的——96窟（北大像）、17窟（藏经洞）和148窟（涅槃窟）。96窟和17窟是所有预约游客必看洞窟，而148窟则在旺季被选作应急窟开放，因此这三个洞窟面对的游客都极多，按照规定，讲解员只能在洞窟外讲解。这就意味着抽中这三个窟的守望者，只能站在洞窟之外，对着空气，一边想象着洞窟中的塑像或壁画，一边声情并茂地"盲讲"。所以这三个洞窟就如同三枚炸弹一样，藏在所有待考核洞窟当中，等待着把抽中者炸得灰头土脸。

我的心仪洞窟是323窟，因为这里满壁都是熟悉的江南，相信自己一定能结合生活经历讲得生趣盎然。我大义凛然地出场了，在大家一片"323、323"的助威声中，成功抽出了96窟——当时的我如坠冰窖、欲哭无泪、心如死灰。是谁说的人不能两次踏进同一条河流？

"拆弹专家"

第二个抽签的小学者王实，又在所有人的助威声中，抽出了第二枚炸弹：17窟藏经洞，众人翻船最多的一个洞窟。于是几位"高手"决定就在藏经洞门口的那片树荫下，开始对我们两人的考核。从小牌坊通往藏经洞的短短路程，我走出了"风萧萧兮易水寒"的感觉。

收拾心情，开始考核。我需要先讲"莫高窟概况"，再谈"96窟故事"。这个时候我也顾不得"连词第一"的雅号了，心中所求，低入尘埃——把考核内容平顺讲出，绝不炫技，也绝不容许"断片"。我从莫高窟缘起讲到莫高窟衰落，从感受艺术的震撼讲到看见千年的生活，从常书鸿故事讲到莫高精神，从武则天称帝讲到敦煌大佛建成，从木构窟檐讲到石胎泥塑，还算平稳顺畅地结束了考核，也"胆战心惊"地拆除了第一枚炸弹。

我自己的感觉是讲解得平平无奇，但各位评委老师却出乎意料地给出了非常高的评价。我想这应该是对第一个出场完成任务的勇气嘉奖吧。现在，我终于能够如释重负地轻松观摩大家的"表演"了。接下来出场的王实展现小学者本色，把藏经洞的封闭史、发现史，文物的流散史和价值讲得条理清晰，引人入胜，也得到了各位老师的一致认可，实现了对第二枚炸弹的成功拆除。

第三个出场的老铁，将守望者"灵异"现象延续了下去。他在"盲盒"当中精挑细选，完美地抽出了第三枚炸弹——148窟，并最终成功将其拆除。至此，"拆弹专家组"正式诞生，以一往无前的精神，和"衰到极点"的时运，在第一时间精准地将96窟、17窟和148窟这仅有的三个需要盲讲的洞窟进行了自杀式排除，客观上为整个守望者团队顺利通过考核做出了不可磨灭的贡献。

在三位"拆弹专家"无私创造出的轻松氛围当中，其余的守望者伙伴个个发挥神勇，充分结合自身的经历和特长，讲述出了既有新意，又不失水准的莫高窟。一旁的我艳羡不已，好想再次登场，一畅心怀。"高手考官"们一方面对大家的特色讲解给予了肯定，另一方面也指出了各自讲解中的不足之处。最后，考核在梁益嘉饱含热情的246窟讲解中结束了。所有人终于都松弛了下来，像莫高窟晴空中的十朵云，吃着敦煌文创雪糕，看着游客来来去去，品味着这二十天的点点滴滴。

莫高窟的钥匙

傍晚时分，游客遁去，四下寂静，美妙的夕阳挂在九层楼的檐角上。刘老师带来了评委团的终审结果——所有的守望者成员都成功通过了考核，其中有5人获得了最高A+的评价，我非常荣幸地名列其中。更让我高兴的是，"连词第一"的称号，正式在刘老师那里得到了

"认证"。

接过印有名字的"莫高窟钥匙卡",从这一刻开始,我正式成为了敦煌研究院的一名讲解员。通过手中的这张卡,我可以领取那把神奇的莫高窟钥匙,打开所有开放性洞窟;在这些洞窟当中,我将为来自世界各地的游客讲解璀璨的敦煌文化;而沉浸于这种文化中的我们,也将有机会借此遇见那个完全不同的自己。

看着满壁的向我们眨着眼睛的洞窟,终于感觉这二十天来的努力付出——像写毕业论文一样改写讲稿,像准备高考一样熬夜背诵,像工作面试一样认真陈诉——全部得到了超值回报。这一刻,真的要感谢守望者项目的组织者,感谢这些天来培训和指导我们的老师,感谢宽容的评委,感谢给力的同伴,感谢每天看我日记为我加油的朋友,以及让我能够毫无顾虑地去享受这忙碌而充实旅程的父母妻儿。我将努力去证明那些才华不会被辜负,证明如此热爱不会被冷落,证明这样生活终究是值得的:既不逃避,也不恐惧,永远敢于触摸那火焰。

江南之行

终极考核之后是第三个休息日。早上睡到感觉内疚了才起床。下楼去冰箱里拿了一盒牛奶，准备做杯拿铁咖啡。大厅走廊上，一位客人倚靠在房门边，似乎是在等人。他一手拿着手机，一手自然下垂，这让我想起了前几天在203窟看到的那尊造型奇特的"凉州瑞像"和名僧刘萨诃。

刘萨诃信仰在莫高窟历史上颇为盛行，在多个洞窟当中都曾出现过相关内容。为了避免下次遇到的时候依然一知半解，我开始带着好奇去查找相关史料和信息。结果让我喜出望外，法名慧达的刘萨诃在年轻的时候竟然游历过江南。在梁代慧皎所著的《高僧传》当中，用了很大的篇幅介绍他的"江南之行"。看到这段往事，我不由得心生期待：他会是那个把323窟当中的"江南故事"带去敦煌的人吗？

南下的慧达与323窟故事

《高僧传》中记载，慧达在东晋宁康年间

（373—375 年）来到当时的都城建邺（今江苏南京）。他在城楼上发现了长干寺佛塔发出异色，于是每天早晚都去礼拜。一天傍晚，他见到宝塔下不时有神光射出，于是和其他人一起挖掘。在一丈多深的地底，发现了叠套的铁函、银函、金函。金函中间藏有三颗舍利、一个爪甲及一缕头发。慧达断定，这座塔应该是一座供奉着佛舍利的阿育王塔。随后，慧达等人在长干寺旧塔旁立一座新塔，以供奉这些舍利。由于长干寺当中另有高悝当年遗留的金像，慧达认为此处宝塔和金像都很灵验，所以留在这里勤加修行。看到这里，我立刻就想到了 323 窟壁画中的《扬都金像出渚》故事。

《高僧传》中又介绍说，在离开长干寺之后，慧达又前往吴郡吴县，"停止通玄寺，首尾三年"，朝夕礼拜通玄寺那一对浮江而至的石像。"通玄寺"和"浮江石像"，这说的不正是 323 窟中的《吴淞江口石佛浮江》故事吗？（"金像出渚"和"石佛浮江"故事详见第九天日记）

我把慧达的江南之行仔细阅读了多遍，难掩心中激动。从长干寺到通玄寺，从佛祖舍利到浮江石像，慧达的游历很显然跟 323 窟当中的江南故事有着千丝万缕的联系。我猜想他对于这些故事一定非常熟悉，而且进行过实地礼拜，甚至参与了故事的续写和进一步改造，已经完全具备了文化传播的基础。

北归的慧达和刘萨诃信仰

之后的查找中，我又发现，唐代道宣和尚在他的《续高僧传》中记载了慧达江南之行之后的经历。慧达回到北方，开始了他的布道活动。有的典籍还记载他去过天竺，并在敦煌莫高窟进行了大量的开窟活动。虽然一些资料可信度不高，但是北归的慧达在多年之后，确实成为了一代名僧，开启了北方颇为有名的"刘萨诃信仰"。道宣和尚就曾亲往拜谒刘萨诃本庙，并考察其在河西一带的影响。"村村佛堂，无不立像"，这是道宣笔下对刘萨诃信仰的真实描述。

而莫高窟多个洞窟当中也确实出现了与刘萨诃信仰相关的内容，比如72窟、203窟、300窟、98窟，等等。在敦煌遗书当中也遗留下多件《刘萨诃和尚因缘记》，验证了刘萨诃信仰在莫高窟的流行。而这种流行客观上带来的庞大信众，也为刘萨诃的江南游历内容传播到敦煌地区奠定了良好的媒介基础。也许，323窟当中留下的江南故事，就是凡人"慧达"成为神圣"刘萨诃"这一过程当中的副产品吧。

在敦煌和江南之间

发现323窟当中江南故事的源流线索，让我兴奋不已。顺着"僧人游历"这条主线，我又陆续发现，除了刘萨诃，还有很多僧人曾往来敦煌与江南之间：生于西域的僧伽和尚曾路经敦煌，并在嘉兴附近的江南水乡传道弘佛；敦煌名僧释法颖曾远赴江南，造佛像，写经书，被齐高帝敕为江南"僧主"。更有南北佛界同修经典的盛事：北凉名僧昙无谶所译《涅槃经》传到江南之后，又由慧严、慧观和诗人谢灵运等重加修订成南本《涅槃经》，从此南北同修，直至唐初兴盛不衰。

看到这些，我又有些释然了。其实这几个江南故事是否真由慧达或者他的信徒带去敦煌，并不重要。重要的是在探寻的过程当中，我确实看见了敦煌和江南之间的人员迁徙和文化互动，也因此实现了敦煌文化与个人生活之间的连通。而这也是敦煌之于我们这些普通人的另一种意义吧：它是一个历史文化生活的巨大容器，每个人都能够在里面找到与他有关的东西，建立起与自己生活的联系，并经由这种联系，实现与历史的重叠，与前人的呼应，无限拓展自己生命的宽度和厚度。

尴尬的首发团

今天是守望者们首次"持证上岗"的大日子。心中锣鼓喧天,彩旗飘扬;现场状况百出,手忙脚乱。组织对于我们的"首发团",准备了完备预案,派出了专业讲解员从旁协助,以防出现意外状况。为我保驾护航的是苗苗老师。事实证明,这一安排很有必要,否则我将会陷入那些突如其来的尴尬状况难以自拔。

四大尴尬齐聚首秀

我遭遇的第一个尴尬是:讲解频频超时。由于当下莫高窟正进入一年当中最人潮汹涌的旺季,很多经典洞窟都面临着排队的情况,这就要求讲解员的讲解要更为精练。但对于刚刚上岗的我们来说,一方面有着极强的表达欲,希望将"平生所学倾囊相授",就像是一个刚刚参加比赛的赛车手,只会全力向前,却还没有掌握好减速刹车的时机;另一方面则是心有不忍,觉得游客们都是千里万里而来,希望尽可能让他们多看多听,能够满载而归,不虚此行。于是，"拖堂"情况就屡屡出现了。

当我在洞窟里面口若悬河的时候，时常忽视洞窟外面的团队已经望眼欲穿。好几次都是因为看到苗苗老师的各种善意的暗示和明示，我才赶紧仓促收尾。走出洞窟，心中满是歉意，既觉得耽误了其他讲解员的正常工作，又觉得这个美妙洞窟在我的手中不幸"猝死"。但当几个洞窟连续"猝死"之后，我也就逐渐开始"视死如归"了。

当我正在第四个洞窟当中滔滔不绝的时候，洞窟突然陷入一片黑暗——新发的手电筒竟然就罢工了，我又没有准备备用电池，队伍顿时骚动起来。我赶紧到门口向苗苗老师求助，拿着她的手电筒继续将壁画讲完。心中不寒而栗，这次要真是独自上场，还不得当场石化？

这再次反映出我实战经验的不足。苗苗老师悄悄告诉我，她们平时都将手电筒调在第一档亮度，这样就足以让游客看清壁画了。但我一直都调在了最高亮度，而且全程都不记得关闭手电筒，因此很快就将能源耗尽了。

在420窟我遭遇了第三个尴尬：忘锁窟门。在莫高窟，讲解员都有一个基本的责任，那就是要确保洞窟始终处于有人管理的状态。所以离开洞窟的时候，如果门口有团队等待，就需要与带团讲解员交接洞窟；如果无人等候，那就需要把洞窟门锁上。

但在我讲解完420窟之后，心中一直惦记着赶去下一个洞窟，以免芳心暗许的对象被他人捷足先登了。于是一往无前，扬长而去，直到苗苗老师在后面提醒，我才发现420窟依然门洞大开，不禁惊出一身大汗。要是我真的就此一去不返，后面有顽皮游客进入窟中，情不自禁抚摸塑像或者壁画，由此造成国宝受损，就算把我塑在那里也百身莫赎了。

当我一路讲得口干舌燥，就快要接近终点——96窟的时候，第四个也是最大的一个尴尬悄然而至了。按照规定我们需要为游客讲解8个洞窟，但我用尽平生所学的数学知识，都只能算出参观了7个洞窟。环顾左右，竟然无窟可用——没有一个学习考核过的洞窟。往回走就是"倒行逆施"，会引起其他团队的"口诛笔伐"；而如果就此结束，又很有可能因为看窟数量不足而收到游客们的投诉。于是思虑再三，我只能硬着头皮在"矮子当中选将军"了，看似表情稳如傻，实则内心慌如狗，带领游客们进入了听刘老师介绍过，但并未系统学习和考核过的237窟。

幸好237窟是一个内容丰富的洞窟，窟顶有神奇的"三兔共耳"图案，南壁中间有人民群众喜闻乐见的"反弹琵琶"形象，壁画之中藏着莫高窟"最小飞天"，于是我一进入洞窟便像竹筒倒豆子一般，将这几个亮点依次抛出。虽然我感觉自己临时组织起来的讲解词干巴乏味，但游客们似乎迸发出了一路上都未曾有过的激情，津津有味，啧啧称奇，恋恋不舍。这让我感到既欣慰又迷惑，甚至开始怀疑起自己存在的价值来。

亲手打开420窟

下午第二场讲解独自上场。由于没有苗苗老师护航，我全程像更夫一样小声念叨着：节约用电，切记关门！同时我把大脑迅速分成多个工作区域：第一部分负责讲解洞窟内容，第二部分全力解答游客提问，第三部分用于统计窟数，第四部分安排并随时调整将去的洞窟，第五部分时刻关注并制止一些违规行为，第六部分计算时间并注意门口排队情况。我的大脑似乎已经很久没有这样"多线程"地工作过了，很怕它承受不住，突然"死机"。但一切还算顺利，没有遭遇上午那么多的尴尬情况，只是依然没有解决"抓住重点，精炼讲解"的问题，8个洞窟下来，又大量超时，累得筋疲力尽。

但今天也完成了一个心愿，那就是亲手打开莫高窟洞窟。这是我从参加"敦煌文化守望者"开始就日思夜想的时刻。下午上岗，窟区的游客已经没有上午那么多了，前往420窟的时候，发现洞窟已经被前一个讲解员锁上了。于是我拿出钥匙，旋转锁芯，轻轻推开了窟门，然后跟随着光线一起进入主室，看着洞窟从昏暗中逐渐亮起。佛龛之中，号称"头陀第一"的迦叶、"多闻第一"的阿难以及在菩萨中号称"智慧第一"的文殊，眼睛都慢慢闪出了光芒，他们似乎正在对我说："等了这么久，'连词第一'，你终于来了！"

邂逅黑美人

完成了今天的讲解任务之后，终于可以不再蹭窟，而是正大光明地去"解锁洞窟"了。今天我们打开了201窟、202窟、203窟、204窟和205窟这五个普通开放性洞窟，并参照《敦煌石窟内容总录》一同讨论各自领悟，虽然203窟和204窟之前已经蹭窟参观过，但这次又进行了更细致的观摩。

201窟开凿于中唐，窟中的《观无量寿经变》颇为有名，尤其是壁画上部和两侧描绘出了极乐世界的宏大建筑群，位于正中间的重檐主殿雄伟高大，角楼和侧殿分列两侧，殿宇之间有回廊巧妙连接，颇具匠心；而修建于初唐的202窟中则有规模宏大的《弥勒经变》，壁画中"树上生衣""老人入墓"等情节清晰可见。

给我印象最深的还是205窟。这绝对是一个名副其实的宝藏洞窟。洞窟开凿于初唐时期，在中唐和五代时期经历重修。主室中央建有佛坛，上面保存的多身彩塑都是1 300多年前的原作，极为传神。虽然眉眼已经模糊，但南侧胁侍菩萨依然魅力难挡。菩萨双臂已失，上身袒裸，下着长裙，闲适地坐于莲花座上。全身肌肤都已氧化，却呈现出一

莫高窟205窟著名的胁侍菩萨塑像"黑美人"，"黑美人"双臂残损，面目模糊，但身体线条流畅，富有肌肉感，所穿长裙也塑造得极有垂坠感。（吴健2003年摄）

种厚重而性感的深古铜色，在这样的肤色之中又显现出几乎完美的肌肉线条，丰腴而不失健美，洋溢着无穷的生命活力。这种丰腴健美在我的看窟经历当中似乎绝无仅有，至少从没有感受到如此强大的视觉冲击力。据说这身菩萨被尊称为"黑美人"，折损双臂带来的残缺之美，又让人不自觉地想起了"维纳斯"。

虎 袍 天 王

位于佛坛北侧的天王像也是莫高窟彩塑的经典作品之一。虽然头部已大半损毁，但他挺胸站立，身材健硕，器宇轩昂，浑身甲胄透露出牛皮甚至是金属质感。而且在甲胄之外还披着莫高窟独家"虎皮大衣"，虎腿虎尾清晰可见，道道虎纹更增添了天王的野性霸道之美。

查阅《敦煌石窟内容总录》发现，这身天王像是中唐吐蕃统治敦煌时期的作品，那天王所披应该就是传说中的"吐蕃虎豹衣"了。吐蕃是一个崇拜猛虎的民族。如果能够拨开时间的迷雾，我们会看到《旧唐书·吐蕃传》中描述的场景："但候其前军已过，见五方旗、虎豹衣，则其中军也。"吐蕃最精锐的中军士卒，都身着野性十足的虎豹衣。据说虎豹衣还分为了多个等级，其中最高级别正是205窟这身天王所穿的，以完整虎皮制成的"虎袍"。当这些精锐士卒死去，他们还会得享殊荣：在其墓旁的房屋上绘上白虎，"生衣其皮，死以旌勇"。虽然天王像眉目难辨，但又何须识君面呢，透过这身披虎袍的躯体，我仿佛已经看见那个纵横骁勇的高原民族的身影。

在人与神之间

205窟除了震撼人心的塑像之外，西壁的大幅《弥勒经变》、南壁《观音经变》都非常精彩。但我最喜欢的却是西壁北侧的那幅并不那么

莫高窟205窟西壁北侧的《观音和供养人图》。两者之间不仅有眼神的交流，而且还借由同一串念珠实现了人神的联结。（敦煌研究院文物数字化所制作）

起眼的《观音与供养人图》。画中高大的观音菩萨站立于莲花之上，头光如火焰燃烧，身姿婀娜，右手下垂，以拇指和食指轻捏着一串念珠，双眼温柔下视，看着虔诚站立在脚边的供养人。而供养人身穿长裙，肩披翠巾，一手持香炉，另一只手竟然轻轻握住了观音手中念珠的另一端，抬头迎上了菩萨的目光。

在看到那串念珠的一刻，我心头巨震，原来在神与人之间，也存在着这么一种实实在在的联结。在那串念珠之上，人与神跨越界限，可以感受到彼此的温度。我想，这幅画也许是一种送给守望者们的"隐喻"，当回到各自的生活之后，我们会努力成为那条人与神之间的"念珠"，把莫高窟满天神佛的故事讲给普通人听。

回客栈的路上昏昏欲睡，全身疲乏，好像不是被围绕而是被围殴的一天。我仅仅只是带了两趟讲解而已，而莫高窟的专职讲解员们每天都会往返三四趟。此刻我才真正明白他们的不易：昏暗的洞窟考验着眼力，海量的信息考验着脑力，上下的路程考验着体力，突发的情况考验着应变力。于是对每天在崖壁上辛勤工作的他们，又生了更多的敬意来。看来要做好人神之间的那条念珠，我们还有很长的路要走。

每个人都与敦煌有缘

　　第二天上岗，感觉自如了不少。尤其是听说老铁昨天不仅"嘴瓢"——把"河西都僧统"说成了"河西都统僧"，而且"手欠"——将洞窟外门挂锁带走，被安保人员四处"通缉"等"清新脱俗"的表现之后，心里轻松了很多。不再过分地去关注自己的表现，而是开始有意识地增加和游客的互动，并试图拉近他们与敦煌的距离。

和敦煌的四种缘分

　　今天的第二拨客人来自上海，交谈之中发现他们是一群上海交通大学MBA的校友，而"敦煌文化守望者"项目正是由上海交大和敦煌研究院等机构联合发起的，今天的相遇也算是一种缘分。

　　为了进一步拉近他们与敦煌的距离，我又向他们讲诉了第二种缘分——上海交通大学与敦煌的隐秘联系。将两者连在一起的是一个叫做叶恭绰的人。现场有一些朋友对这个名字并不陌生，没错，他就是上海交通大学正式使用目前这个校名之后的第一任校长，也是著名的书画家、文物收藏家。1921年，时任交通部总长的叶恭绰将多所部属学校合并，正式成立了"交通大学"，并兼任校长。也正是在这一年，叶恭绰在北京发起组建了最早的保护和研究敦煌遗书的民间组织——敦煌经籍辑存会。李盛铎、王树楠、罗振玉等大家都参与其中，对藏经洞文物的保护和研究起到了积极作用。

之后我又用第三种缘分，来消解他们和我之间的陌生感。那就是他们的老校长叶恭绰先生在1928年曾来到我今天居住的甪直古镇，他将保护敦煌相关文物的经验用在了保护保圣寺塑壁罗汉的身上，发起成立了"唐塑保存会"，推动了国宝罗汉的修复保护工作。我在给外来的朋友介绍古镇历史的时候，常常会提到叶先生的功绩。

▼ 苏州甪直保圣寺塑壁罗汉。因其"立体山水画卷"般的独特艺术风格，在1961年与敦煌莫高窟等一起入选了全国第一批重点文保单位。

在几乎完美的铺垫之后，我又特意首先带他们去了323窟，让他们看见壁画之上，他们与敦煌的第四种缘分。在《吴淞江口石佛浮江》的故事中，画出了古代吴淞江口沪渎地区，也就是上海的前身。当他们看到自己生活的地方早在1 300多年前就被画在了千万里之外的敦煌壁画上，脸上满是惊讶和兴奋。一位游客感叹道：原来我们竟然也是敦煌的有缘人啊。在这一刻，他们心中那种因为大量佛教内容而产生的陌生感和距离感在这些奇妙的联系面前，逐渐消退了。

讲解结束的时候，上海游客们纷纷加了我的微信，相约在甪直古镇再见。我想这也是这份工作的奇妙之处吧，与来自五湖四海的人相遇，一起走过这段神佛并坐的旅程。之后成为朋友，或者不再相见；被人记住，或者转瞬即逝——都没有关系，重要的是这些人和事都被收进了我的生活之中，不断搅动着生命的池水。

现阶段的主要矛盾

中午在"香积佛国"一边吃着劲道的拉条子，一边聊着这两天的讲解遭遇。小伙伴们一致认为，守望者现阶段的主要矛盾，已经转化为莫高窟旺季游客日益增多和守望者洞窟储备太少之间的矛盾。之前的培训中，我们深度学习了12个洞窟。虽然每次常规讲解都只需动用其中8个，但是一旦遇到洞窟排队、洞窟维修、洞窟接待之类的情况，我们立刻就会感觉到捉襟见肘。大家都认为至少要将储备洞窟提升到20个，才能做到从容不迫、游刃有余。

于是今天带团结束之后，大家都紧急启动了"洞窟自学"工程。我给自己设计了一个自学流程：首先，将目标锁定在之前刘老师带我们参观过或者蹭窟时听其他讲解员讲解过，但没有深度学习过的洞窟上，因为这些目标都已经有一定的印象，比较容易上手；其次，跟随其他游客团队进入目标洞窟，再听专职讲解员讲解一两遍，唤醒记忆，找准亮点；之后，自行对照《敦煌石窟内容总录》，将洞窟的年代、形制、塑像特点以及壁画内容强化一次；最后，结合自己的生活和特长，形成内容准确又不失自我风格的讲解词。

初唐328窟：彩塑杰作

我首先重点复习了隋代的419、427、244三窟，增加了细节，确定了亮点，再参考之前培训390窟和420窟时学习到的隋代洞窟的时代特征，比较轻松地把这三个洞窟收入囊中。我的讲解储备当中的隋代洞窟数量，立刻提升到了5个，从"温饱"一跃成为"小康"。

随后我审视储备名单，发现没有一个洞窟当中有精美的唐代彩塑群像，这对于游客来说会是一个巨大的遗憾。莫高窟的彩塑数量原本就不多，没有经过后代重修重绘的更是仅有140身左右，而其中代表着彩塑巅峰的唐代塑像原作就更为稀少。我们所学的12个洞窟当中，也仅仅只有17窟藏经洞中看到了晚唐的一尊洪辩塑像，而且还不是讲解重点。于是，我将接下来的自学目标锁定在了曾经赏析过的初唐328窟。

328窟的西壁佛龛当中，保留着1组8身异常精美的塑像。与学习过的420窟相比，328窟的这几身彩塑明显更符合现代人的审美，因为它们更加世俗化。所有塑像身体比例协调，容貌端庄秀美，衣着华丽得体，完全就是现实生活中的人物。这也让人们对佛国世界多了几分亲近之感。

佛陀相貌英武，面容庄严，仿佛就是王公重臣，一举一动之间不怒而威；菩萨肌肤胜雪，意态风流，俨然贵族美女，让人只

莫高窟328窟8身唐代塑像，佛陀、佛弟子、胁
侍菩萨以及供养菩萨都塑造得极为传神。南侧缺
失的一身供养菩萨，在1924年被美国人华尔纳盗
走。（吴健2003年摄）

可远观而不可亵玩；阿难双手入袖，身姿自然，一看便是天资出众的佛弟子；迦叶双眉紧缩，双手合十，不愧为老成持重的苦修者。同时，塑像身上的衣物都塑得极为传神，尤其是佛陀的袈裟既随莲座自然起伏，又如瀑布般垂坠流畅，俨然丝绸制成。这必定是当年的塑匠将所见的高门大族的华贵衣物都塑到了佛国世界中。

如果时间回到1924年以前，我们在328窟当中，应该能看到9身塑像。那尊消失不见的供养菩萨像，与323窟消失的壁画一样，都是被美国人华尔纳盗走，远渡重洋，收藏在哈佛大学赛克勒博物馆当中。看着这组塑像，我仿佛是面对着一个遭人破坏的家庭，老者愁容满面，少年献计献策，而家主郑重其事地说道："一个都不能少。"他们正期待着总有一天将会全家团圆。

初唐329窟：莲花飞天藻井

328窟的北侧就是同样开凿于初唐的329窟。这一窟当中有着莫高窟最为精美的藻井图案——莲花飞天藻井，可以弥补我的储备当中藻井部分内容的不足，所以被我欣然收入囊中。

窟顶的藻井中心是盛开的14瓣莲花，象征着极乐世界。莲花之外云气氤氲，有4身持花飞天环绕飞行，绢带舞动，身姿飘逸。其外装饰有卷草纹、连珠纹、垂角纹和帷幔，五光十色，耀眼夺目；最外层则环绕着12身伎乐飞天，她们手持琵琶、腰鼓、箜篌，仙乐声中，凌空曼舞。整个画面流光溢彩，艳而不俗，站立其下，可以感觉这两层飞天正以不同的速度旋转飞行，仿佛幻化出绝美的时光漩涡，把人的目光和魂魄都吸入其中。

329窟西壁龛顶的佛传故事也堪称经典。所谓佛传，就是指释迦

牟尼今世从出生到成道的生平事迹。龛顶北侧绘制的是"乘象入胎"的故事：佛母摩耶夫人有一天梦见一菩萨骑着大象腾空而来，忽然化作一阵清风，钻入了她的腋下。摩耶夫人顿时感觉身轻体泰，如饮琼浆。之后不多日，她就怀孕，生下了太子悉达多，也就是后来的释迦牟尼。壁画之中，两个健硕力士轻轻托起了脚踩莲花的白象；白象姿态矫健，正在空中欢快奔跑；两根象牙之上又开出两朵莲花，花中各站一身罗汉；菩萨侧坐于象背，意态闲适；前有乘龙仙人引路，身旁有胁侍菩萨围绕；四周还有雷神、力士护持。

▲ 莫高窟328窟中1924年被美国人华尔纳盗走的供养菩萨。

莫高窟329窟窟顶的莲花飞天藻井。内外两圈飞天围绕着中心的大莲花自由翔翔。内层飞天捧花飞行，而外层飞天则手持腰鼓、琵琶、古筝、筚篥等乐器演奏天乐，整个画面配色雅致，美不胜收。（张伟文2003年摄）

　　与之相对的龛顶南侧绘制的是"夜半逾城"的故事：悉达多太子外出游玩，在城池四门分别遇见了老人、病人、死人和僧人，感觉到人生无常，决心出家修行，寻找摆脱轮回之道。于是他趁夜骑一匹高头大马，逾城而去。画面与北侧"乘象入胎"呈现出对称布局：四天神托住四马蹄，白马腾空而起；悉达多太子头戴宝冠，手执缰绳，端坐马上，意态坚定；前有骑虎仙人开路，身旁有天女、力士护持。两幅壁画中均有多身飞天从天而降，散花供养，给人满壁风起、动态十足的感觉。

　　原本是冲着莲花飞天藻井去的329窟，结果一直萦绕在脑海中的却是这两幅绝美而深邃的佛传故事画。它们是释迦牟尼最重要的两个生命节点：一个象征着他的出生；另一个代表着他的出家。即便是天选之子，也需要遍尝人间百味，才能踏上成佛之路。所以平凡如我们，更没有必要去埋怨甚至沉沦于生命中的那些困顿，因为只有在经历过这一切之后的某一天，我们才能穿过迷茫，看见心中的那尊佛。

反弹琵琶

今天遇见的两拨团队很有意思，一拨慢如雪飘，一拨快如风过。某种意义上，他们也代表了来到莫高窟的两类典型游客。

第一个团队是由来自全国各地的游客散拼而成。刚一进入窟区，大部分人便向我表明了游览态度：我们不着急。我很明白他们的意思，是希望看最经典的洞窟，听最详细的讲解，即便为此要付出更多的等待时间，要在崖壁多次上下往返，也绝不在意。

这批游客当中不少人确实是有备而来，对洞窟知识有一定的了解。他们常常会直接提出要求：能不能带我们观摩一下《五台山图》啊，可不可以让小朋友看一眼九色鹿啊，带我们欣赏一下莲花飞天藻井吧！显然，如果同意大家的所有要求，估计我把晚饭时间施舍掉都很难完成。因此我只能在合理范围之内尽量满足他们的愿望，并不断向大家传递一个观念：敦煌是一个博大精深的文化圣地，这样的地方当然不可能一次看完，认真看懂每一个洞窟，才是真正实现了此行最大的价值。

另外一拨游客则完全不同。他们几乎来自同一个旅行团，一出场也向我阐明了立场：导游让我们下午四点集合。我看了一眼手机，离集合时间还有70分钟，这也就刚刚够洞窟参观时间。于是我赶紧带领他们向洞窟狂奔而去。刚看了三四个洞窟，便有数位游客大声宣布：因为出现了"审美疲劳"，他们自行提前结束行程，先到窟区外抽烟回神。之后行程中，游客多次打断我的讲解问道：什么时候可以到九层楼去拍照？在哪里可以买到莫高窟雪糕？能不能先带我们去看茅台酒上面的飞天？在这一刻，我作为莫高窟讲解员的成就感荡然无存，好像是在播送一段索然无味的新闻通稿。

我当然明白，对于不同的人而言，敦煌有着完全不同的意义。有时是文化艺术的圣殿，沉浸其间，收获灵感和启迪；有时是陪衬生活的背景，"打卡发圈"，收获羡慕和点赞。不同的知识体系、人生阅历和审美情趣，会和敦煌产生完全不同的化学反应。但无论如何，我始终相信，只要人们来过这大漠河谷，见过那诸天神佛，生活一定会因此而发生微妙变化，不管他对此是了如指掌还是一无所知。对我来说，面对不同的游客，如同恋爱中的女人面对男朋友一样，既怕他不来，又怕他乱来，就带着这种矛盾而兴奋的心情，度过在莫高窟的每一天。

讲解员小戴

中午品尝了"香积佛国"上新的敦煌臊子面。餐厅人挺多，我和老铁坐在了讲解员小戴的对面。之前在窟区，我蹭听过他的讲解。他很有自己的想法和特点，是目前敦煌研究院专家型的明星讲解员之一。我们边吃边聊，发现小戴跟莫高窟渊源颇深，他的祖上戴奉钰在重修莫高窟的窟檐等方面做出过非常大的贡献。

在清代光绪年间，戴奉钰先是发起了对96窟窟檐的维修工程，重修了当时的"五层楼"，民国年间敦煌人就是在戴奉钰重修的五层楼的基础上，建成了今天的"九层楼"；之后，戴奉钰又发起对17窟藏经洞附近窟檐"三层楼"的重修，"庙貌焕乎维新"。这些功绩都留在了《重修千佛洞九层楼碑记》《重修千佛洞三层楼功德碑记》当中，也成了戴家后人的荣耀。

小戴现在是一名专职讲解员，我问他："内心深处是想走出这里，还是一直都想留在敦煌？"他说，来到研究院之前就已经去过其他城市，尝试过别的工作了。"因为每一个热血的敦煌孩子都渴望离开，心中向往着大城市，但是恢复平静之后，还是喜欢回到这里。这座城市就像一个公园，一切都很方便，没有太多的选择，所以也没有太多的纠结。"

小戴不久前刚刚完成香港大学硕士研究生学业，回到敦煌。入学之前，敦煌研究院帮忙牵线，由香港的企业家提供了奖学金。他安安静静地做着讲解员的工作，用这种方式续写着他们家族和莫高窟的故事。

55窟：弥勒三会

讲解任务结束之后，继续留在窟区自学。这两天的讲解当中发现很多游客对于莫高窟的大型洞窟有种执念，总希望能看到"更大的"。但我学习过的大型洞窟61窟又总是人满为患，所以决定迅速"开发"出61窟旁的55窟。它们都是由曹氏归义军第四任节度使曹元忠开凿的，窟型巨大，打着"曹家窟"的印记：在窟顶四个角都开浅龛，当中画上天王像，用以镇守洞窟。在培训期间，我们曾在刘老师带领下参观过55窟，但那时候的感觉远不如这一次震撼。不断的学习确实会让你改变对同一个事物的看法。

55窟跟61窟最大的区别，就在于洞窟中央的大型佛坛。61窟佛坛上的文殊和弟子的塑像已经全毁，只留了一根青狮尾巴，让人追想当年风貌。而55窟的佛坛上却保存下来3组10身气势磅礴的"弥勒三会"塑像，让高大的洞窟显得更为饱满。"弥勒三会"来源于《弥勒经》中的记载，释迦牟尼涅槃之后五十六亿七千万年，弥勒降生，学道成佛，之后召开了三次大法会，普度众生。我个人非常喜欢弥勒成佛之后的世界，据说人可以活到八万四千岁，农作物可以一种七收，而且遍地宝石，路不拾遗。尤其是"树上生衣"这一点对我这样非常讨厌逛街购物的人来说，简直就是福音。

这组"弥勒三会"塑像诞生的时候，中原已经进入大宋王朝，但塑像依然丰腴饱满，衣纹流畅，有着浓郁的唐风。塑像体型高大，极大地增加了佛的庄严感。姿势、神情也很传神，尤其是南侧弥勒莲花座之下的天王，他一手托座，一手叉腰，用力而不费力的英武之态，极为生动有趣。

变幻莫测的反弹琵琶

55窟的壁画描绘精细，保存良好，在南壁的《观无量寿经变》当中，画出了游客们最耳熟能详的敦煌形象之一：反弹琵琶。我还记得刚到敦煌时，就在市中心的街心花园中看见了巨大的"反弹琵琶"塑像，她显然已经成为了这座城市的象征。

只见壁画中的伎乐天单脚站立，载歌载舞，又突然双臂轻舒，将琵琶放置于脑后，反握而弹，姿态超逸，令人过目不忘。

在莫高窟，有数十个洞窟当中都画出了反弹琵琶形象，有的纵情

▲ 敦煌市区街心花园中的反弹琵琶塑像，它已经成为了这个城市的象征。

独舞，有的与腰鼓舞者配合，还有的与长巾舞者对跳。其中最为著名的位于中唐开凿的112窟，舞者形象妩媚，身姿妖娆，琵琶高举，长巾飘飞，身旁乐队环绕，如众星捧月。可惜这是个不对外开放洞窟，不知道哪一天有缘得见。

缘悭一面的还有156窟《思益梵天所问经变》中反弹琵琶的"背面"视角图，据说生动展现了从身后看过去，伎乐天是如何反手演奏的，非常有

莫高窟112窟中的反弹琵琶伎乐天和乐队。这是莫高窟所有洞窟当中最为经典的反弹琵琶形象。左侧乐队成员手持鼗鼓（拨浪鼓）、鸡娄鼓、横笛、拍板，右侧成员则演奏着筚篥、阮、琵琶。整个壁画色彩明艳，给人"金""碧"辉煌之感。（吴健2001年摄）

趣；值得期待的还有337窟当中的"迦陵频伽"反弹琵琶图，"迦陵频伽"又叫做妙音鸟，人首鸟身，形似仙鹤，佛经上说它的声音比飞天还好听；以及196窟当中的"共命鸟"反弹琵琶图，"共命鸟"是佛经当中的神鸟，一身两头，人面禽形。想到这里，遗憾中又生出一些叹服：这就是神奇的莫高窟，反弹琵琶的形象已经足够令人拍案叫绝，竟然又包含了这么多奇幻莫测的变化。

正因为反弹琵琶过于高妙，所以很多人都认为这只是一种以琵琶为道具的舞蹈动作。但我却始终相信，世间有人能一边反弹乐曲，一边翩然起舞，将音乐和舞蹈这两种相伴而行的艺术完美融于一体。而在我的内心深处，也始终都供奉着这样一身"反弹琵琶"：她赤脚独立，舞步不停，手臂轻扬，理想高举，永远不甘平庸。

▶ 莫高窟427窟窟檐拱眼壁上的露天壁画中的迦陵频伽（妙音鸟）。

悲惨女人

近段时间以来"积疲积弱"的生活，终于让我在今天抵达了身体的临界点。早晨起来发现舌头溃疡了，说话颇不利索。不知道是不是前两天跟同伴聊天时，打趣说百年之后，我的舌头将不随火而化，而是变作"舌舍利"的缘故。

上窟之后，照例去"乐乐茶咖"买了杯热拿铁，一路喝到红房子，突然胃腹部出现强烈不适感，身体持续有虚汗冒出，并且出汗量似乎很快要超过敦煌的年降水量了。当我正在犹豫要不要带病登场的时候，接到通知，今天恰好有大量实习讲解员上岗练习，守望者团队整个上午都轮休待命。这为我提供了宝贵的恢复时间。

莫高窟奇趣事件

大家在红房子里一边查找着相关资料，一边分享着这几天带团当中出现的"奇趣事件"。在讲解过程中，我们都习惯在洞窟门口先做铺垫，试图以此勾起游客的兴趣，缓解在门口等待的尴尬，继而在洞窟当中收获游客们恍然大悟之后的惊喜。这个技巧用得好确实可以增加"故事"，但把握不好就容易变成"事故"。因为莫高窟洞窟密集，窟门上的编号小而模糊，洞窟门口又常常人满为患，所以走错洞窟的情况时有发生，但也因此成就了"泰山崩于前而色不改"的危机管理时刻。

一位同仁站在洞窟门口向游客介绍：本窟中的初唐塑像极为精彩，代表着莫高窟彩塑的高峰，只可惜有一尊供养菩萨在1924年被美国人华尔纳盗走。言语之中满是遗憾怅惘与国仇家恨。走进洞窟，打开手电，往龛中一照，瞬间石化，竟然一身塑像都没有，仿佛华尔纳昨晚鬼影再现，将佛像全部打包运走。心中明白做错了铺垫，进错了洞窟，只好立刻启动"强力纠错"模式，用各种话术将讲解带回正常轨道上来。

游客们也贡献了不少有趣案例。蔡一晨说起她遇到的一位游客老大爷，全程一直非常仔细地听讲，但参观完96窟中的敦煌大佛之后，他一脸茫然地上前询问：怎么没有看到你们说的大佛呢？所有团友盯着老大爷陷入了震惊，因为在这个除了大佛几乎一无所有的洞窟当中，想要不看到35.5米高的大佛真的很难。看来老爷子进洞窟之后可能过于关注大佛双脚的构造以及精美的"八瓣莲花"地砖，在快速移动的人流当中，转了一圈都没有抬头看一眼大佛的面容，陷入"不识大佛真面目"的境地当中了。如此被人忽视，我想即使是佛，脸上也会露出哭笑不得的表情吧。

很显然这样的"莫高窟奇趣事件"有着不错的疗愈作用，我在午后感觉身体恢复了正常，于是按部就班地带着游客进窟了。今天的带团比较平顺，没有走错洞窟，也没有漏掉重点，只是依然没有解决"讲解超时"的问题。

讲 解 的 艺 术

带团结束之后，我决定尾随几位莫高窟网红讲解员，一边增加洞窟储备，一边看看他们是如何做到让讲解短小精彩的。莫高窟的讲解员很多都是领域专家，而不单纯是导游，他们对洞窟内容异常了解，经常能够"戴着镣铐跳舞"，展现出讲解的艺术。

今天有两位讲解员让我非常佩服，他们的讲解就如同唐代经典彩塑中出现的佛陀袈裟——既随莲座自然起伏，又如丝绸般垂坠流畅。首先是情绪饱满，非常投入，第一时间就能够让你感觉到那种发自内心的热爱，而这种热爱一定会打动每一个跟随他的人；其次是重点突出，收放自如，让你感觉内容丰富，却又没有花费太多时间；第三是准备充分，故事性强，即使是面对似乎没有情节的塑像，也能够讲出背后的故事性；第四则是文辞优美，引人入胜。相比之下，我立刻就感受到了自己在讲解上和他们的巨大差距。

当然，也领教了一些所谓网红讲解员的水平，讲解内容应该说还是比较到位，但是一直面无表情，对游客也比较冷淡，互动很少，像是一位洞窟"流水线"上的普通工人。这样的"冷暖"对比，更加坚定了我的看法：来到莫高窟，遇见什么样的讲解员，远比看见什么样的洞窟要重要得多。

"微妙比丘尼"的悲惨世界

今天收入囊中的宝藏洞窟是北周时期开凿的296窟，这对于弥补我北朝洞窟的储备不足很有帮助。296窟虽然洞窟不大，但壁画内容极为丰富，而且其中一些是莫高窟的孤品，非常珍贵。让我感觉最为震撼的一幅是西披北段和北披西段的《微妙比丘尼因缘》，壁画用约20

个连环画面讲述了一个女人的悲剧人生。而所谓因缘，就是佛门弟子和信徒的因果报应、轮回转世和礼佛修行的故事。

名为微妙的比丘尼，前世是一个富家的大夫人。家庭幸福，但一直膝下无子。后来她的丈夫便另娶了一个小夫人，并生了一个男孩。微妙担心就此失宠，地位不保，于是由妒生恨，便狠毒地用针刺入了孩子的脑袋，将其杀死。后来丈夫和小夫人查问孩子死因的时候，微妙抵死不认，发毒誓道：如果是我杀了孩子，下辈子一定夫死子亡。

时间流转，画面变幻，上一世的"大夫人"转世成为了今世的"微妙"。此时的她尚未出家，对自己前世之罪也一无所知。她和丈夫已有一子，又怀上了身孕，想要回到娘家去生产，但是在去娘家的途中，她半路产子，而血腥引来了毒蛇，咬死了她的丈夫。她强忍悲痛，带着两个孩子继续上路，但在一条大河边，大儿子不幸溺水而死，小儿子又丧生狼口。

微妙悲痛欲绝，孤身前往娘家。路遇村人，得知娘家失火，家人无一幸免。之后微妙孤苦无依，只能再嫁。但所托非人，当她再度临盆生产之后，丈夫酗酒大醉，将刚出生的儿子摔死，以酥油煎烤逼她吃下。微妙忍无可忍，只能逃去了另外一个国家。之后在一处墓园遇见了祭奠亡妇的青年，两人有同病相怜之感，于是微妙第三次结婚，嫁给了青年。可惜好景不长，她的第三任丈夫不久就暴病而亡。按照当地的风俗，微妙成了陪葬之人，被一同掩埋。

夜里正巧有盗墓贼前来盗墓，被活埋的微妙就此得救，并被盗墓贼收为了妻妾。不久之后，这个盗墓贼被官府抓获，处以极刑。于是微妙又再次被盗墓贼的手下活埋陪葬。夜里遇到了野狼掘墓，微妙呼吸到了新鲜空气，再次醒来。

历经磨难的微妙，最终来到释迦牟尼佛前，哭诉所发生的一切，佛陀告诉了她前世的罪孽。于是微妙忏悔过去所有的罪业，得到佛陀的怜悯，出家修行，成为了"微妙"比丘尼。

这确实是一个让人窒息的曲折故事。于佛教而言，这当然是在讲述"因果报应"和"贪欲之祸"。但对于我们这样的普通人，除了提醒自己心有敬畏、莫做坏事之外，也许还可以从微妙今世的经历中看到可贵的坚持。每个人都会有生命的低谷，有生活的不幸，但我们所经历的一切所谓不幸在"微妙"的遭遇面前都不值一提，因此谁又有放弃自己的理由呢？向前吧，生命终会有光！

▲ 莫高窟296窟《微妙比丘尼因缘》局部。描绘的是微妙在丈夫被毒蛇咬死之后，带着孩子继续回娘家，但在一条大河边，大儿子不幸溺水而死，小儿子又丧生狼口。（宋利良2000年摄）

三 见 舍 利 弗

在296窟之外，我又陆续解锁了隋代311窟和292窟、盛唐44窟和46窟。其中，311窟佛龛龛楣上绘有摩尼宝珠火焰纹，火焰冲天而起，与飘逸的飞天和云气融为一体，动感十足；292窟画有27身各具特点的"祖师像"，他们代表着佛教传承佛法的各代领袖；44窟的壁画中有并不多见的呈倚坐式的菩萨像，画工用笔准确，又多层晕染，用色不俗，造就出妙相庄严。

而46窟最为精彩，窟内彩塑众多，活灵活现。西壁佛龛中的佛陀、弟子、天王都各具神韵。北壁佛龛中立着姿态各异的"过去七佛"。而南壁佛龛中塑出的则是一身涅槃佛，在佛脚处，我第三次见到了佛弟子舍利弗。他结跏趺坐，姿态自然，双眼闭合，如同入定。但其实，此时的他因为不愿见到佛陀涅槃，已经先于佛陀入灭了。从被维摩诘戏弄，到大胜劳度叉，到最后先佛入灭，我在莫高窟看见了舍利弗的成长、成熟和成圣。

在大量看窟的过程当中，每个守望者也不断成长着。之前深度学习过程中获得的那些洞窟知识，丝丝缕缕散入"奇经八脉"，内化成自身修为。也许有一天，我完全领会了莫高窟各个时期的文化艺术特色，彻底忘掉每一个洞窟的解说内容和那些固定套路，能够云淡风轻地面对任何塑像和壁画，开始举重若轻而切中肯綮的讲诉。那个时候，我或许才可以自信地说自己是一名莫高窟讲解员了。

最美菩萨

初识莫高窟的游客如同漂入汪洋的小舟，会有一种身不由己、不知所措的感觉，总是担心讲解员不能带他们去最好的洞窟，生怕自己会错过这片海最美的风景。由于对敦煌文化以及佛教艺术的不熟悉，他们更喜欢用"最"字来作为判断洞窟价值的依据，所以常常问我：我们能进到最大的洞窟吗？我们能看见最大的佛吗？我们能欣赏最美的菩萨吗？

在今天的两次带队讲解中，为了打消游客们的这种顾虑，我逐渐将自己的讲解行程包装成为各种莫高窟"之最"。当来到323窟，我会告诉游客，这是莫高窟"最"具王者之气的洞窟，因为壁画中出现了汉武帝刘彻、后赵君主石虎、东吴大帝孙权、东吴末代皇帝孙皓、隋文帝杨坚等多位皇帝的形象；参观328窟的时候，我会告诉他们这是普窟当中"最"经典的唐代彩塑，细腻逼真，甚至不输于特窟；进到329窟，我会提醒他们窟顶有莫高窟"最"精美的莲花飞天藻井，独此一家，别无分店；而17窟虽然看上去平平无奇，但我会再三强调这是莫高窟"最"传奇的一个洞窟，它的建造、封闭、发现以及其中文物的流散，都充满了悬疑和争议；只要时间允许，我都会带他们去看61窟，因为这是莫高窟"最"大的洞窟，窟中有"最"大的壁画《五台山图》；然后再去259窟膜拜一下樊锦诗先生最爱的"最"美禅定佛；最后，观赏完237窟"最"小飞天，在96窟"最"大佛像的俯视之下，完美结束莫高窟的"最"赞旅行。

这显然只是我对于游客们的迎合和"献媚"。莫高窟的每个洞窟都是国之瑰宝，都有独到之处，甚至有一些"默默无闻"的洞窟会比一些"大名鼎鼎"的洞窟更能触动你的内心。因此，来到莫高窟完全没有必要纠结会看到或者错过什么。其实这跟我们的生活并无二致，我们会去到哪个地方，遇见什么样的人，有着如何精彩的经历，某种意义上都自有安排，没有必要去抱怨生活际遇，重要的是全身心地去享受这每一次的相遇，以及相遇时互放的光亮。

最 美 菩 萨

讲解结束之后，迫不及待地开始看窟之旅。最近守望者同伴老铁义务承担了莫高窟德语讲解员的部分培训工作，于是他获得了在守望期间"无限次"进入特窟和部分不开放洞窟学习的权利。而作为"首席助教"的我，也因此解锁了守望期间最大的福利。

重返特窟57窟成为了我们的第一选择。这个洞窟开凿于唐代，因壁画中的人物形象极美而被称为"美人窟"。尤其是南壁的《说法图》，神佛众多，各有神韵。最光彩照人的当然是莫高窟壁画中的那身"最美菩萨"。她头戴化佛冠，肩披长巾，身佩璎珞，腰系长裙，身姿婀娜，呈现出自然的S型；面部圆润，肤白唇红，柳目樱口，目光下视，仿佛正有所思；一手轻捻饰物，另一手捧着供品，浑身散发

▶ 莫高窟57窟南壁上的最美菩萨。菩萨所佩戴的宝冠、璎珞、臂钏、腕钏等饰品都采用了"沥粉堆金"的工艺，它们凸起于墙壁，让整个形象更为立体。而最美菩萨身边的佛弟子等形象也绘制得极美，佛弟子手中还托着浅蓝色透明玻璃钵。（孙志军2005年摄）

着高贵之感。

我站在壁画前，总觉得有一种说不出来的奇特观感，似乎面前这身菩萨比之前见过的所有画像更具生气。端详良久之后，我发现秘密原来在于菩萨的皮肤。美人菩萨的皮肤是经过了淡朱色的晕染，这让她看起来跟其他一些单纯面白如玉的画像大为不同，在白皙的皮肤之下，更有血色透出。而正是这种白里透红，带来了一种无与伦比的生命气息。

同时，这幅壁画还有着奇妙的立体效果。菩萨周身佩戴的华贵项饰、胸饰、臂钏、腕钏等，都凸起于墙面，是采用"沥粉堆金"的工艺制作而成。我还记得第一天参观57窟的时候，刘老师跟我们讲解过，这种工艺比较类似于今天蛋糕店制作蛋糕时，将奶油等材料"挤"在蛋糕表面制作造型，工匠将粉末堆积在壁画上，制作出凸起的纹饰，然后贴金于上。这种立体感更增加了菩萨之美，仿佛随时可能从墙壁上走下来一样。

曾经在书中看到过张大千先生的一句话："人物画到了盛唐，可以说已达到了至精至美的完美境界。敦煌佛洞中有不少女体菩萨，虽然明知是壁画，但仍然可以使你怦然心动。"今天身在57窟，才真正体味出这句话中的深长意味，甚至在怦然心动之外，还多出了几分自惭形秽来。

玻 璃 宝 物

立于菩萨左手边的佛弟子绘得极为俊俏，面容白皙，嘴唇红润，弯眉细目，眼波流转，手中还捧着一只浅蓝色的钵。而神奇的是，这只钵通体透明，我可以透过钵体清晰地看见佛弟子的手指和掌纹——

这竟然是一只蓝色玻璃佛钵。

以前在相关书籍上看到过对敦煌壁画中玻璃器皿的记载，今天终于在57窟偶遇了。虽然中国很早就已经掌握了生产玻璃的技艺，但是直到隋唐，玻璃器皿依然还是价比金银的奢侈品，一般只有在达官显贵的生活中才能够见到。而为了表达对佛祖的虔诚，一些人将玻璃器皿供养于佛前，这也让普通画师们有了近距离接触这种珍贵器皿的机会，他们也就自然而然地将其画入敦煌壁画当中了。

除了57窟佛弟子手中的这件玻璃钵，据说在199窟西壁北侧的壁画中，大势至菩萨手中也捧着一只透明玻璃杯，杯中有长颈莲花盛开；而在401窟的壁画中，一位身形飘逸的菩萨手中则拿着一只造型别致的玻璃盘，盘口沿边装饰有多颗乳钉。此外，332窟、159窟的壁画中也出现了玻璃器皿，今后看窟的时候一定要记得对照找寻。

那场盛大的唐代婚礼

从57窟出来，继续在窟区寻找"猎物"，陆续观摩了445窟、331窟、340窟和9窟。洞窟都各有特色，而最打动我的是445窟和9窟的两幅《婚嫁图》。

445窟开凿于盛唐，著名的《婚嫁图》就位于北壁《弥勒经变》中。看着青庐（唐代结婚时用青布搭成的帐篷）中热闹生动的场景，我仿佛也穿越时光，变成了一位前去贺礼的嘉宾。站在门口向里张望，我看见院子里热闹非凡，新娘头戴凤冠，一袭红衣，在伴娘的簇拥下站立行礼，而新郎一身红袍，双手持笏板，正跪拜于地。跟史书中记载的唐代婚礼"男跪女揖，持笏拜堂"的习俗完全一致。亲友宾客们围坐青庐当中，喜庆观礼，而院子正中的舞伎正翩翩起舞。

莫高窟445窟著名的《婚嫁图》。右侧身着红衣站立的女子便是新娘，而一旁手中拿着笏板跪拜的正是新郎，体现出了唐代婚礼中男跪女拜的习俗。中间的乐队和舞者正载歌载舞。左侧帐篷则是长辈亲朋们观礼的"青庐"。（孙志军 2009 年摄）

随后，我又赶场似地穿梭到了晚唐，参加了9窟当中的另外一场婚礼。这里虽然没有445窟那么热闹喜庆，却更多了几分古典雅致。我看见青庐当中高朋满座，新郎新娘正站立于青庐之外的精致地毯上礼敬宾客。他们的面前摆放着一对相互依偎、身缠红绸的大雁。这应该就是春秋时期流传下来的古老礼仪——奠雁之礼，即用忠贞的大雁来祝福新郎新娘永结同心、白头偕老。壁画让我记起了元好问那首著名的《摸鱼儿·雁丘词》："问世间情是何物，直教生死相许？"写的正是以死殉情的大雁。

看着两场婚礼中的新娘，我想她们都应该对自己温馨浪漫的婚礼非常满意吧。虽然时间模糊了脸庞，但我知道此时此刻的她们，一定跟57窟中的菩萨一样美。不知不觉中，又想起了远在江南，那个为我默默承担着一切的美丽女人。

夜空中最亮的星

我在窟区一直待到了安保人员清场，几乎将所参观洞窟壁画中的每一个细节都观摩了一遍。之所以没有按照往日时间返回禾园，是因为今天是个特殊的日子，我们正等待着敦煌研究院"庆祝中国共产党成立100周年文艺晚会"在九层楼前拉开帷幕。作为研究院的一份子，"敦煌文化守望者"团队也将全程参与并登台献唱。

暮色四合，再无游人，九层楼亮起了灯火，莫高窟在夜幕中展现出另一种迷人。这灯火让我想起《唐陇西李府君修功德碑》上所记的那句话："圣灯时照，一川星悬。"莫高窟在千年之前，每年的腊八时分，所有洞窟会同时燃灯，敦煌遗书中的《腊八燃灯分配窟龛名数》便是明证。遥想在一天星斗之下，鸣沙山满壁洞窟渐次亮起，星光与灯光倒映宕泉河中，不知会是怎样震撼人心之美。

晚会非常隆重，敦煌研究院全员参与。每个节目都充满了激情，每个人都全情投入。我想这不仅仅是因为歌颂，更是因为他们都将自己的青春留在了这里，他们的人生早已经同这鸣沙山、宕泉河以及735个洞窟融为一体。其实研究院的绝大部分员工都是普通平凡的，但是他们的生命有幸成为了莫高窟传奇的一部分，即便默默无闻，已是人生的极大幸福了。

轮到守望者们登场了。背倚九层楼，面朝三危山，我们在莫高窟的星空下迎风合唱《夜空中最亮的星》。这首歌确实代表了我们的心声，因为在守望者的眼中，敦煌就是最亮的那颗星，它指引着我们的路向，通往平凡但绝不平庸的人生。

晚会结束的时候，已经接近午夜十二点。我们从敦煌"守望者"变成了莫高窟"守夜人"，依然心潮澎湃。有几个人看见过午夜的九层楼，又有几个人穿越过凌晨的宕泉河呢？走出杨树林，看见巨大的圆月从三危山上升起，每个人都忍不住惊叹，继而又屏住了呼吸——这正是我们生命中可遇而不可求的那种瞬间，无声无息，又无穷无尽。

我想即便有一天，记忆都长出青苔，旧事落满尘埃，蓦然回首，三危山顶的那一轮明月会依然在，就那么不浓不淡地，照耀着我。

江南诗意

昨晚回得太迟，今天团队提前休息一天，于是又睡到无地自容才起床。想起昨天云南来的朋友老李相邀在敦煌城里小聚，于是匆匆洗漱之后，打车进城，去敦煌最网红的"夏家合汁"吃早餐。所谓合汁，就是一种搭配有羊肉丸子、粉条木耳的特色羊肉汤粉。羊汤鲜美，粉条劲道，一碗下肚，我立刻就精神焕发起来。

江 南 故 人

老李跟我是老朋友，最近几年见面不多。这次他带着一个团队正在甘青大环线上拍摄照片。赶到酒店，发现除了老李之外，还有三四位也是故人。Tony来自上海，我们相识于苏州，后来一同去过北海道拍摄海雕、天鹅和丹顶鹤；Lan则多次来过角直，参加我组织的文化活动。大家畅聊旧事，相谈甚欢。

他们说起预约了下午的莫高窟参观，虽然今天是休息日，但我感觉不能袖手旁观，于是跟他们约定了下午在山上相见，由我给他们讲解洞窟。说来也巧，正在这个时候，老婆大人的闺蜜发来微信，她的好朋友一家从杭州到敦煌旅行，下午会到莫高窟参观。于是我就把两拨朋友约在一起，组建了我守望者生涯中的第一个"江南故人团"。

参观很顺利，我带他们领略了莫高窟各个时期的石窟之美，也给他们分享了我在这里寻找江南的发现，再夹杂着彼此对前尘旧事的回忆，一切都那么温馨。也许对于老朋友来说，不期而遇才是最好的相遇，它充满了偶发的真挚、重逢的惊喜和转瞬即逝的美好。尤其是在敦煌这样的城市，离别和相逢本就是它的两张脸孔。

墙壁上的诗情画意

送走老朋友们，决定再去莫高窟老美术馆看看常设展览"1650——文明的回响"。这个展览是敦煌研究院为了纪念莫高窟开窟1 650年而精心策划的。内容非常丰富，之前我已经观摩过两次。这第三次来，我想尝试寻找一些跟江南相关的线索。

展览中出现了大量的古代生活场景，我在一幅《树下弹琴图》前停住了脚步。这是莫高窟85窟壁画《善友太子本生》中的一个场景：善友太子于果树之下弹琴，利师跋国公主迷醉于琴声。画面中树木葱郁，两人对坐，一人抚琴，一人倾心，极富诗情画意，让我想起宋代诗人白玉蟾的那句诗：

> 十指生秋水，数声弹夕阳。
> 不知君此曲，曾断几人肠？

突然之间，我有了不一样的领悟。我要寻找的江南，难道就只存在于那些确定的人名和地名背后吗？绝不是如此。我心中的江南，文

▲ "1650——文明的回响"纪念展在敦煌莫高窟老美术馆展出。写有"1650"的牌子背后便是著名的慈氏塔。

▲ 莫高窟85窟《善友太子入海求宝珠》故事中的《树下弹琴图》，展现出了善友太子和利师跋国公主两情相悦的浪漫诗意。（来自展览复制品）

▲ 作者在展览上发现的极有"江南诗意"的展品《对弈图》，来自莫高窟454窟《维摩诘经变》。

化史上的江南，不都是"树下弹琴"这样的诗意生活吗？

一瞬之间，豁然开朗。于是在展览壁画中寻找起这种诗意生活的场景。不久就发现了454窟《维摩诘经变》中的《对弈图》，它描绘出两人山间对弈，群峰起伏，林木葱郁，仿佛有清风起于棋盘间。一位居士在旁观棋，一派闲适意态。正是古人

作者在展览上发现的极有"江南诗意"的展品《坐看日落图》，来自莫高窟320窟《观无量寿经变》

诗中所谓："黑白胜负无已时，目送孤鸿出云外。"而在320窟《观无量寿经变》中有一幅绝美的《坐看日落图》：一人背倚危峰，独坐松下，正悠然举目远眺，目光所及，层峦叠嶂，水波荡漾，落日西沉，染红天际。寂然无声之中，与天地同呼吸。正有东坡先生所谓"江山风月，本无常主，闲者便是主人"之意。

在莫高窟45 000多平方米的壁画中，这样诗情画意的场景一定还有很多，等待我去慢慢寻找。它们是江南，也是每一个人对于理想生活的共同憧憬吧。

小城慢生活

下山之前，打算去敦煌研究院阅览室碰碰运气，那里有不少敦煌主题藏书。通往研究院的路上满是高大的白杨树，树上似乎长满了看尽沧桑的眼睛，独自走在林荫之中，像被人阅读着心情。阅览室在研究院的一个隐秘小院子当中，可惜今天房门紧闭。院子门口有一座名为"青春"的雕塑，一位年轻姑娘背着挎包，拿着草帽，正大步向前。听说这就是年轻时候的樊锦诗先生，她的背后是一壁正向上攀援的藤。

晚上不太想回禾园吃晚餐了，于是约上老铁去敦煌最火爆的烧烤店"城边边"撮一顿。凉风习习，我们混在当地人和游客之中，点好菜，倒上酒，无拘无束地坐在街边。虽然已经快到9点了，但天空依然湛蓝，成群的鸽子自由掠过，感觉仿佛回到了夏日的家乡小城。我们在这样缓慢的时光中，用"三兔共耳""壁上江南"下酒，畅聊着敦煌对自己的影响，也畅想着未来的生活。脑海中不知不觉浮现出了冯至的那句诗："哪条路、哪道水，没有关联，哪阵风、哪片云，没有呼应；我们走过的城市、山川，都化成了我们的生命。"

▲ 在研究院办公区偶然发现的年轻时候的樊锦诗先生塑像，塑像背后是一壁向上攀援的藤。

沙场

今天上午研究院安排我们集体前往窟顶，了解和体验莫高窟治沙工程。我的四川普通话发音极容易将"治沙"误念成"自杀"，因此大家都嬉笑着对我敬而远之，唯恐一不小心加入了我的"自杀"体验行列。虽然一路嘻嘻哈哈，但登上窟顶，我们便都肃然起敬了。这里确实是一片"沙场"，莫高人正用尽所有的力气，跟不远处的巨大沙丘短兵相接、生死相搏。对于石窟来说，风沙是致命的"杀手"，它可能掩埋洞窟，也会给壁画带来巨大的伤害。即使在治沙工作取得了很大成就的今天，莫高窟依然会偶尔因沙尘暴天气而临时关闭。

莫高窟所处的地理位置，决定了风沙将是它持久的敌人。在敦煌"悬泉置"出土的汉简中就有过关于"沙尘暴"的记载；在莫高窟65窟的题记当中，记录了西夏时期一个叫做福全的人，在1085年就曾清理过洞窟的流沙；在明代之后，莫高窟长期无人管理，不少底层洞窟完全被流沙所掩埋；而在1900年，王道士正是在清理16窟甬道的积沙时，偶然发现了震惊天下的藏经洞。

1944年，国立敦煌艺术研究所接手莫高窟管理之后，正式拉开了"敦煌正规军"与风沙的持久战。据常沙娜先生回忆，她随父亲刚到莫高窟的时候，只有窟前有一些杨树，其他地方都是满目黄沙。常书鸿先生每年都会带领众人种树退沙，研究院的每一个员工都会参与到这场战役当中。如果我们是在那个时候来到敦煌做"文化守望者"，"开营仪式"应该就是到窟前植树和窟内清沙了。

五大治沙绝招

我们沿着一条笔直的道路前往窟顶的治沙站。在那里，治沙站的李师傅向我们展示了，在数十年与风沙斗争的过程中，莫高人创造出的一系列"治沙秘技"。

在窟顶靠近洞窟一侧的戈壁上布满了大小石块，开始我以为这是自然地貌，后来发现石头的摆布带有很强的人工痕迹。李师傅说，这就是莫高窟的治沙绝招之一"泰山压顶"。这种"砾石压沙带"可以大大减少戈壁地面"就地起沙"；而在"砾石压沙带"上能看到A字形的"尼龙网栅栏"，这就是莫高人治沙绝招之二"铁布衫"，它能够有效地将风沙的进攻化于无形。

在靠近治沙站的地方，草木丰茂，是沙漠中的绿带。窟顶一共有两条这样的"植物固沙带"，都采用滴灌的方式种植植物，实现防风固沙，这正是莫高窟治沙绝招中的第三招——"捕风捉影"。李师傅告诉我们，这里种植的植物都是抗旱能手，主要包括梭梭树、花棒、沙拐枣等。站在窟顶第二条植物带旁的观景台上，举目四望，鸣沙山巨大的沙丘就在一箭开外，那里还有一道长约6 000米的高立式防沙栅栏，在战斗的最前线阻止风沙迁移。这正是莫高窟治沙秘技的第四招——"如封似闭"。

前面四招秘技要求很高，不是普通人可以修炼的，而只有第五招相对简单，但威力同样不小，这就是民间俗称"草方格"的治沙绝招——"画地为牢"。这是一种用稻草来设置屏障的方法，以达到固定流沙的效果。于是，在李师傅的亲手指导下，我们开始研习起这一绝技。首先，用铁锹在沙地上画出一米见方的方格，然后将干稻草纵向铺设在方格边线上；之后手持铁锹运起内力猛击稻草中部，将其深压入沙中，并巧妙保留部分稻草秆露出沙地，形成四面阻隔的"草方格"，将流沙牢牢关住。由于天赋异禀、根骨奇佳，众人很快掌握了这门绝学，运锹如风，都成功制作出了几个草方格，也算是对于迎击风沙贡献了一点绵薄之力。

由于窟顶毫无遮挡，烈日肆无忌惮，很快我们

▲ 莫高窟窟顶的治沙工程。"植物固沙带"采用滴灌的方式种植植物，实现防风固沙。绿带之间是大量的"草方格"，用以固定流沙。

就感觉要被晒成"人干"了。而像李师傅这样的治沙站工作人员每天都在炙热之下、风沙之中，用他们自创的绝世武功，将江湖著名的洞窟杀手们成功阻隔于窟门之外——现在进入窟区的积沙已经减少了近90%。所以当我们在洞窟当中静静欣赏壁画和彩塑的时候，不要忘记了，在人们看不到的"沙场"上，有一群人正同无穷无尽的风沙一直搏斗着。

最 美 彩 塑

午餐之后，有了几分困意。经过九层楼前，发现一棵巨大的桑树，树枝上挂满了桑葚，一些人正在采摘。我生长在蚕桑之乡，从小品尝着桑葚长大，于是凑过去讨了两颗，滋味酸中带甜，顿时睡意全无，继续和老铁一起考察洞窟。继57窟之后，我们又重返了特窟45窟。20多天的学习和讲解之后，再看这个盛唐的绝美洞窟，又有了很多截然不同的感受。

莫高窟的塑像泥质脆弱，不易保存，从千年之间的天灾人祸中幸存下来的每一身塑像，都是岁月馈赠的弥足珍贵的礼物，尤其是那些未在时间流逝中改变容貌的彩塑原作。45窟中的一组7身塑像，正是唐代原作，被誉为莫高窟最美彩塑。

近一个月的朝夕相处，让我对彩塑之美有了更深的感悟。我觉得"像"字和"美"字早已无法诠释历代杰作的动人之处，最好的塑像会超越逼真的外形，不止于鲜明的性格，进而展现出一种澎湃的精神力量，并与观看者形成共振、共鸣和共情。在45窟佛龛当中，佛陀的庄严与宽厚、弟子的亲和与恭谨、菩萨的柔美与适意、天王的威严与有力，都展现了唐代艺术家极高的技艺。我坐了下来，让自己可以像当年的供养人一样仰视神佛，在这种眼神的对视和交流当中，我又看见佛陀如大海，阿难如清泉，迦叶如古树，菩萨如新月，天王如险峰，他们像自然界一样呼吸着。

位于迦叶身旁的胁侍菩萨，被世人称赞为莫高窟最美彩塑菩萨。她发冠高耸，面白如玉，柳叶成眉，目光慈悲，身姿婀娜。胸饰璎珞，斜披橙红天衣，微露肚脐，腰系翠色长裙，裙上落满梅花。凝视这身塑像，恍惚间有风轻轻吹起了裙裾，梅花飘飞，我感受到那种包容一切的平和弥漫开来，心中所有的愁绪都如秋天的树叶簌簌地凋落了。

《观音经变》

除了无与伦比的彩塑，45窟的壁画同样精彩，尤其是南壁的《观音经变》。壁画正中绘出了巨大的观音像，华盖之下，宝相庄严。两侧分别画出了《观音经变》的主要内容："观音三十三化身"和"救助诸难"。这部分内容我们曾在420窟的窟顶《法华经变·观音普门品》当中学习过。所谓观音三十三化身，是说观音能够化成三十三种不同形象，方便度化不同众生；而救助诸难则是指遇到各种危难的时候，只要口念观音名号，菩萨便会现身救助。

这些描摹精细的观音救难场景的宝贵之处，是为我们留下了唐代世俗生活的真实图景。比如"救牢狱难"当中，就画出了真实的唐代监狱，那是一座夯土城堡建筑，建筑周围以及顶上都有尖刺，以防备犯人越狱。而"救刀杖难"当中，又让我们能够看到唐代死刑的行刑方式：死囚跪在地上，一个行刑者抓住囚犯的头发往前拉拽，另一个人拉住捆绑犯人的绳子往后拉拽，犯人的脖颈被极度拉长，刽子手便站立中间，挥刀而下。

敦煌市博物馆中的莫高窟45窟复原窟。45窟的彩塑群像塑造传神，保存较好，佛祖、弟子、菩萨、天王姿态不同，神情各异，被认为代表着莫高窟彩塑的巅峰水准。（朱晓春摄）

莫高窟45窟中被人们称为最美塑像的胁侍菩萨。
菩萨眉目清秀，肤白唇红，体态妩宛，胸佩璎
珞，身披天衣，腰系半裙，裙上溶涌梅花，令人
见之忘俗（吴健2003年摄）

神秘的粟特人

我在壁画中再次见到了著名的《胡商遇盗图》，它表现的正是观音"救怨贼难"的场景。一队商人正赶着骡马，带着货物，往长安而去。他们高鼻深目，满腮胡须，身穿胡服。有专家认为，这些商人正是行走丝路的粟特人，尤其是其中两位头戴白色尖帽的商人，其造型跟记载中的粟特人最为相似。

粟特是丝绸之路上的一个特殊民族，有自己的语言和文字。他们四海为家，是天生的商人。史书记载他们"善商贾，好利，丈夫年二十去旁国，利所在，无不至"。经过多年的努力，粟特人在长安与西域城市撒马尔罕（今属乌兹别克斯坦）之间，建立起了巨大的商业网络，甚至一度垄断了丝路贸易。源源不断地将中原丝绸运往西域，又从西域采购各种宝石销往中原。丝路沿线各个城市也因此形成了许多粟特移民群落。比如敦煌遗书中就曾记载，705年，也就是唐代神龙元年之后，敦煌专门在城东设置从化乡，作为粟特人的聚集区。

壁画中的粟特商队正行至一处深山峡谷，商人头领刚感觉到此地险峻，峡谷之中便奔出了无数的盗匪，手持长刀利刃，截断了商人们的去路。商队苦苦哀求，并将一些财货献上，期望盗匪能够放他们一条生路，但盗匪显然并不想要留下活口。就在这个关键时刻，商人们口念观音名号，菩萨便显灵将他们全部解救了。

虽然画中的粟特商人最终得救，重新踏上了征途，但这个名噪一时的民族最终还是没能走出丝路。他们一直没有建立起一个统一的"粟特王国"，最终并入了所依附的各个强大国家，与之交融形成了新的民族。尤其是在安禄山、史思明这两个有着粟特血统的人发动安史之乱搅乱了整个大唐王朝之后，身处中国的粟特人感觉到了极大的生存压力，于是隐姓埋名，加速融入汉人当中。比如，越来越多的迹象显示，统治敦煌多年的曹氏归义军政权领袖曹议金家族很可能就是深度汉化的粟特人。

有人觉得粟特民族就像一道彩虹，颜色绚丽，连通东西，最终消失于碧空。在我看来，虽然作为一个民族的粟特不见了，但粟特人和那种无畏行走的精神并没有消失，他们更像是汇入了江河的清泉，换了模样，依然川流不息，奔涌向前。

从巴蜀到敦煌

一大早就接到了干妹夫的来电，他带了三十个员工从成都到敦煌团建，车已经在从市区来莫高窟的路上了。于是我连忙调整了带队安排，在小牌坊处等候他们。远远就听见了熟悉的乡音，短暂寒暄之后，我对他们说，今天可以提供"四川话版讲解"，大家一阵大笑，距离瞬间拉近。于是我带着三十多个四川人开始了今天的工作，他们悦耳的乡音和我洪亮的"川普"，一同飘荡在洞窟之间。

莫高窟的川人痕迹

四川老乡们都是第一次来到敦煌。我告诉他们，虽然这里位置偏远，但爱玩的四川成都人很早就来到这里游览和礼佛了。在莫高窟98窟当中，就留有元代四川游客的题记，他们一行来自"成都府"；在莫高窟206窟当中，则留下了"成都府新都县"游客的题记；而在榆林窟12窟当中，还可以看到来自"四川成都汉州"游人的笔迹，汉州也就是今天的成都广汉。老乡们听完之后也大发感慨，当时交通这么不方便，前辈们都还能够走到这里，看来成都人"好耍"的性格绝对是祖传的！

在参观323窟的时候，我特别给他们指出了在《吴淞江口石佛浮江》故事上方的一处铅笔题记，上面写着："下边的残迹，是因为英国的斯坦因来到此地，他用西法将这一片好壁画粘去了，嗳！你想多么可惜呀！民国三十年六月十六日□□□、□□□孙宗慰、范振绪到此记。"这处题记中的"斯坦因"应该是"华尔纳"，而"孙宗慰"前另有两个名字被擦去了，其中之一应该就是著名画家、四川人"张大千"。题记中的范振绪是张大千好友，孙宗慰是张大千前往敦煌时的助手，都是知名画家。

提到张大千，老乡们便立刻找到了话题，开始有了更积极的互动，因为这位生于四川内江的一代书画大师在巴蜀妇孺皆知，留下了无数的故事和传奇。于是，在转换洞窟和排队等候的间隙当中，我又带领大家一起穿越回了张大千在敦煌的那段时光。

张大千在敦煌

那是20世纪40年代初期的敦煌，张大千不远千里，带着家人和助手来到了莫高窟。我们看到他在崖壁间上下攀行，带着众人对莫高窟的洞窟进行了清理和编号；在洞窟当中架上画架，仔细观摩，思索良久才动一笔。两年之间，张大千在敦煌创作了200多幅临摹作品；两年之后，他的临摹敦煌壁画展览先后在成都、重庆展出，显示了他艺术风格的变化，也瞬间点燃了世人对于敦煌的热情。

陈寅恪先生曾评价道："大千先生临摹北朝、唐、五代之壁画，介绍于世人，使得窥见此国宝之一斑，其成绩固已超出以前研究之范围。

何况其天才特具，虽是临摹之本，兼有创造之功，实能于吾民族艺术上别辟一新境界。其为敦煌学领域中不朽之盛事，更无论矣。"今天，这些敦煌壁画的临摹作品中的183幅收藏在四川博物馆。

我们也看到了张大千的一些不利于文物保护的行为。比如随意在壁画上题记多达十余处，比如"临摹之时，于原画任意钩勒"，又比如"梯桌画架即搁壁上"。当然将张大千卷入巨大舆论漩涡的是

◀ 张大千临摹敦煌反弹琵琶伎乐天。

敦煌莫高山二百七十三窟初唐大士像张大千敬摹

▶ 张大千临摹敦煌
莫高窟二七三窟（敦
煌研究院编号205窟）
初唐大士像。

他关于"剥毁洞窟外层壁画"的事情，甚至闹到了傅斯年、李济等学者联名致信于右任，希望制止张大千的不当行为的地步。对于这一事件，几方说辞不一，又各有人证，而当事人张大千则矢口否认，最终不了了之。如果当年洞窟壁画确实是由张大千授意剥离，那么不管他是否亲自动手，也不管那个时代社会文保意识有多么薄弱，毫无疑问都是他艺术人生当中的一处污点。

我相信这个世界从来都没有"将功抵过"，对与错最终都会以相互独立的形式写入一个人的墓志铭。我们在敦煌曾经做过的好事或者错事，都不会随风消逝的——这一天神佛都历历在目，这世间芸芸众生都自有评说。

敦 煌 川 军

不管如何，张大千在成都和重庆举行的敦煌临摹画展确实极大地震撼了当时的观看者，尤其是大量的四川人，让他们对敦煌这个遥远偏僻而又美不胜收的地方产生了强烈的向往。在此后的岁月中，他们中的一些人排除万难，身入黄沙，成为了国立敦煌艺术研究所第一批骨干，也成为了莫高窟传奇的一部分。

在张大千临摹壁画作品前欣赏膜拜的人群中，就有后来被尊称为"敦煌艺术导师"的段文杰先生。他是四川蓬溪县人，当时正在重庆国立艺专学习。毕业之后他立刻奔赴莫高窟，并将后半生交给了敦煌，无论最艰苦的生活环境，还是最恶劣的政治环境，都没能让他离开。他是临摹敦煌壁画最多的艺术家，留下了384幅杰作，并在常书鸿先生之后，接过了敦煌研究院的领导重任。

孙儒僩先生是四川成都人，他也是因为张大千的画展而知道了敦煌，并踏上了艺术朝圣之旅。原本只想在敦煌汲取一些中国古建筑营养的他，最终也留在了这里，并成为了全国著名的石窟保护专家，我们守望者的临时基地红房子就是由他设计建造的。而他的妻子李其琼是四川三台人，也是他在西南美专的同学，后来成为了段文杰先生之外，临摹敦煌作品最多的画家，她的画被评价为"真正理解了古代艺术的精神"。

而生于四川绵阳的史苇湘先生，还在四川省立艺专读书的时候，就被选中作为张大千敦煌临摹展的布展助手，得以直接跟张大千当面请教。1948年毕业之后来到敦煌，再未离开，他主持创建了敦煌文献资料库，被同行誉为"敦煌活字典"。后来成为史苇湘妻子的四川彭县人欧阳琳，比史老师提前一年来到了敦煌，一生致力于敦煌壁画的临摹和研究，尤其在图案画上成果丰硕。

每当我说起这些四川乡人的名字，看到他们留在河西大漠上的痕迹，都感觉自己与莫高窟又多了一分亲近之感和奇妙联结。我贪恋红尘，永远都不可能成为他们。但我想这并不妨碍我像他们一样，心中住着敦煌。

巴蜀、江南与河西

送走了干妹夫和他的团队，我要了杯咖啡，坐在"乐乐茶咖"的老位置，看着王道士塔下人来人去，回味着刚才和四川老乡们的愉快相处。不知不觉间又想起了张大千，他不仅和我是四川同乡，而且也曾在苏州居住。我曾多次去过他和兄长张善子寓居过的苏州网师园游览怀古。当年张氏兄弟曾在园中饲养了一只幼虎，今天网师园西部殿春簃边，还留有张大千手迹"先仲兄所豢虎儿之墓"。

我很好奇，当年究竟是什么原因促使张大千不远千里、费尽周折来到敦煌，是否和他的苏州生活有某种隐秘联系呢？我打开电脑，仔细检索起那段历史。在一些老照片中发现，原来当年跟张大千兄弟一起租下网师园的，竟然就是发起成立"敦煌经籍辑存会"的收藏大家、书画大家叶恭绰（相关内容见第二十三天日记）。我想当时他们朝夕相处，必定不时会谈及敦煌艺术。真正让张大千决心奔赴莫高窟的人，会是叶恭绰吗？

我兴奋地继续检索张大千和叶恭绰的交游资料，仿佛就要发现一个跟自身有密切关联的巨大宝藏一般。终于在张大千晚年为叶恭绰的《叶遐庵先生书画集》所作序言中看到这样的话：

> （先生）因谓予曰："人物画一脉自吴道玄、李公麟后已成绝响，仇实父失之软媚，陈老莲失之诡谲，有清三百年，更无一人焉。"力劝予弃山水花竹，专精人物，振此颓风；厥后西去流沙，寝馈于莫高、榆林两石室近三年，临抚魏、隋、唐、宋壁画几三百帧，皆先生启之也。

至此，我终于找到了想要的答案。寓居苏州网师园，与叶恭绰为邻，和众名士交游，得到叶恭绰"专精人物"的建议——这成了四川人张大千最终决定西去敦煌临摹壁画的决定性因素。而对我来说，这样跨越东西的联系，又让张大千成了那个帮助我将巴蜀、苏州与敦煌这三个对我生命非同寻常的地方完美串联起来的人。

我想，在未来的生活之中，不管是徜徉于网师园殿春簃，还是走进四川省博物馆，抑或是重返敦煌莫高窟，三地都将不再是一个个独立的存在，它们会互相呼应，彼此交融，将乡愁、栖迟和归宿重新定义，共同筑起独属于我的精神家园。

220窟：盛世杰作

结束了两场波澜不惊的讲解之后，我又开始了"助教"工作。在我的强烈建议之下，今天终于重返了220窟。因为在考核抽签时抽中"首发"，我在第一次参观220窟的时候，完全心不在焉，错过了大量精彩内容。今天想多花一点时间待在这个洞窟当中，以弥补遗憾，充分感受这盛世杰作。

翟 氏 家 窟

因为不是第一次来到这个洞窟了，所以一进入主室，我们首先就去西壁佛龛之下寻找那三个日益模糊的墨字：翟家窟。这显示着220窟的独特性质——家族窟。家窟跟家庙、祠堂相似，是一个家族用来祈福和祭祀的地方。220窟正是莫高窟历史上早期的家窟，在此之后，还陆续出现了张家窟、李家窟、曹家窟、阴家窟等。而最早主持开凿翟家窟的人，正是初唐时期翟氏一族的名人——翟通。

"翟家窟"三个字正是一组密码，它打开了这个洞窟的时间胶囊——那是大唐贞观年间，翟通正风尘仆仆地走在从长安回归敦煌的路上，翟氏一族的男女老少都在城门处等候着他们的才子回家。前一年的十月，翟通作为敦煌最有学问的人，被推荐前往长安参加明经考试，成功被朝廷授予了品级为"正六品上"的朝议郎，并将回到敦煌担任沙州博士职务，负责教授学生，传道授业。

翟通不仅带回来了朝廷的封赏，还带回来了在长安的生活经历和京城最流行的图画。在不久之后的贞观十六年，也就是公元642年，翟通主持家窟开凿。他让画工将这些代表着他的长安印象的图样画在了莫高窟的岩壁之上，作为整个家族永远的荣光。

盛 世 帝 王

220窟中每一幅壁画都堪称经典之作。其中最为大众所知的便是东壁《维摩诘经变》中的《帝王图》，图上描绘的是前来听文殊菩萨和维摩诘辩论的帝王和臣属。在莫高窟数十幅《维摩诘经变》当中，以220窟中的中原帝王形象最有君临天下的气势。帝王头戴冕旒，身穿衮服，双臂平伸，在众人的簇拥之下，昂然而行。群臣均着白衣，神态各异，衬托得青衣朱裳的帝王形象更为醒目。

这让我第一时间便联想到另外一幅杰作，那就是唐代大画家阎立本的《历代帝王图》。图中晋武帝司马炎的形象，同样是冠冕衮服，双臂展开，有一种唯我独尊的帝王气概。阎立本正是贞观年间的代表画家，著名的《凌烟阁二十四功臣图》就是由唐太宗钦点其精心绘制的。

220窟的这幅《帝王图》不管是从人物形象、君王气度、色彩搭配，还是线条流畅各个方面，都不输于阎立本的力作。我仿佛看见唐

莫高窟220窟东壁的《帝王图》。图中帝王同唐代大画家阎立本名作《历代帝王图》中的晋武帝司马炎形象极为相似，展现出了君临天下的帝王气度。帝王右手边的大臣，头插貂尾，手持笏板，有学者认为这是当时的重臣"中书令"。（孙志军1999年摄）

晋武帝司马炎

▲ 唐代画家阎立本所绘《历代帝王图》中晋武帝司马炎的形象。

太宗李世民正率领一众功臣坚定前行，那个紧随帝王、目光坚毅的可能就是"凌烟阁"功臣之首的长孙无忌，那个头插貂尾、手持笏板的可能就是一代名相房玄龄。他们正走向那个政治清明、经济复苏、文化繁荣的贞观盛世。

我猜想当年洞窟的主人翟通在长安接受封赏之时，一定见证过唐太宗君临天下的恢宏场景，于是他嘱咐画工将他的所见所感都绘入了壁画；又或许本窟的画工正是阎立本的"超级粉丝"吧，他用尽一生的功力，留下了这幅不朽的作品，作为对自己偶像的一种遥远致敬。

绝美的供养菩萨

《帝王图》虽然精彩，但其实在220窟当中并不引人注目。如果首次进入洞窟，所有人必定都会被南北两壁通壁绘制的《药师经变》和《西方净土变》这两幅气势恢宏的壁画所吸引，进入那两个气象万千，但却又同样美轮美奂的佛国世界。

我跟随着北壁上部天人们曼妙的飞行轨迹，进入到东方净琉璃世界。看见巨大的药师七佛并肩站立于碧水之中的平台上，水中莲花盛开。他们头顶华盖精美，绿树成荫；身旁有胁侍菩萨陪伴，柔情绰态，媚于语言；两侧聚集着虔诚的圣众、威武的神将和怒目的力士。

而在七佛之下，凭栏跪坐的是4身供养菩萨，我的目光落在左侧第二位菩萨身上似乎就无法挪开了：她侧身屈腿跪坐，一手撑地，一手拿着莲蕾，上身挺直，虔诚仰视药师佛。身着华美胸衣和带有菱形纹和连珠纹的裤袜，头戴镶嵌玉石的束发，浑身散发着青春的活力。姿态和衣着之美，在我所见过的莫高窟供养菩萨当中绝无仅有。

在供养菩萨之下，一场盛世歌舞正在上演。整个舞台被灯阁和灯

莫高窟220窟东壁的《药师经变》局部。画面右侧
为莫高窟壁画中最为庞大的一支乐队（目前看到的
只有乐队的一半），乐师们正在演奏古筝、排箫、筚
篥、方响、花边阮、横笛、锣、拍板、腰鼓等乐
器；中间两身菩萨正在往高大的灯轮上放置油灯；
而左侧两名舞者正在小毯子上急速旋转，跳的正是
当年风靡大唐的胡旋舞。（孙志军2002年摄）

轮完美分割成三个部分。正中间的碧水之中矗立着一座高达七层的巨大灯阁，其上搁置无数燃灯。灯阁之前有小虹桥连接舞台；在舞台左右黄金分割点的位置上，还有两座多层的华美灯轮。两位菩萨正在小心翼翼地点亮油灯，并将其一一摆上灯轮。整个琉璃世界灯火通明，璀璨无匹，令人迷醉。

胡 旋 之 舞

舞台两侧，灯火之下，是两组规模庞大、非常豪华的乐队。我走到近旁，尽量不打扰他们，仿佛默默欣赏着一场大唐宫廷乐舞。熟悉的横笛、琵琶、腰鼓、古筝，以及从未见过的竽篥、排箫、方响、花边阮、羯鼓、都昙鼓、鸡娄鼓，渐次而发，共同演奏出奔腾欢快、大气磅礴的乐曲。正如唐诗中所描绘的那样，先闻"磬箫筝笛递相搀，击恍弹吹声逦迤"，再听"繁音急节十二遍，跳珠撼玉何铿铮"，令人心潮澎湃，不可遏止。

舞台中间，有两组舞者正站在小圆毯上，合着音乐节拍，急速旋转着，身旁飘带翻飞，又让我心随眼动，目眩神迷。这应该就是闻名遐迩的胡旋舞吧。大诗人白居易曾有诗描绘这种舞蹈：

> 胡旋女，胡旋女。心应弦，手应鼓。弦鼓一声双袖举，
> 回雪飘飖转蓬舞。左旋右转不知疲，千匝万周无已时。人间
> 物类无可比，奔车轮缓旋风迟。

据说当年这种从粟特人居住的西域康居国传来的舞蹈风靡整个大唐，不论男女，均学胡旋。其中最有名的除了杨贵妃之外，可能就要数后来发动了安史之乱的粟特人安禄山了。《旧唐书·安禄山传》中有记载："（安禄山）晚年益肥壮，腹垂过膝，重三百三十斤，每

行以肩膊左右抬挽其身，方能移步。至玄宗前，作胡旋舞，疾如风焉。"这时候我所看到的那两组舞者，一组似乎化作了美艳如花的杨贵妃，而另一组化作了肥胖如山的安禄山，正在大唐的宫廷之上舞出旋风。

白居易先扬后抑的诗歌让我从迷醉之中清醒过来，诗中说道："禄山胡旋迷君眼，兵过黄河疑未反。"而他的好友元稹也前来唱和："天宝欲末胡欲乱，胡人献女能胡旋。旋得明王不觉迷，妖胡奄到长生殿。"显然，他们将胡旋舞当做了以安禄山为代表的胡人反叛者的一个美丽的"阴谋"。于是，我在这东方净琉璃世界中，不仅仅看见了盛世之美，也隐隐约约窥见了王朝之危。

翟奉达重修220窟

在"胡旋舞大师"兼野心家安禄山发动安史之乱后，唐王朝就此由盛转衰，而敦煌也进入了一个波诡云谲的时代。220窟的主人们椎心泣血地看着吐蕃人入主河西，在众多的洞窟中画上了吐蕃赞普等形象；又欢欣鼓舞地看着张议潮收复河西，带领敦煌重回唐王朝版图；直到唐末，著名的历法家、翟氏后人翟奉达亲身经历了王朝的灭亡，敦煌进入了曹氏归义军统治时期。925年，翟奉达重修了220窟，将自己和亲人们的肖像都画在甬道之上，并且在一旁写下了敦煌翟氏家族300年来持续经营家窟的历史。

当我再次环视220窟，从初唐的壁画看到五代的题记，感觉洞窟似乎装满了整个大唐，从"万国衣冠拜冕旒"到"千歌百舞不可数"，从"渔阳鼙鼓动地来"到"天街踏尽公卿骨"。这些往事曾被人掩埋了千年——在北宋和西夏时期，220窟被人重新绘制，整个洞窟绘满了千佛图案，看起来极为普通，如同路人。直到20世纪40年代，上层壁画落下，露出了保存完好的初唐和五代杰作。仿佛换上了华服、撩起了面纱的成熟女子，风华绝代，明艳照人，眸子中满是故事。

当时明月在，曾照彩云归。

回 鹘 国 王

离开220窟之后，开始一边解锁"漏网之鱼"，也一边重看那些感觉意犹未尽的经典洞窟。

今天带给我极大神秘感的是409窟。这一窟可能开凿于隋代，经过后代重修。东壁绘有大幅回鹘王以及王妃的供养像。回鹘王头戴王冠，身着龙袍，身后众多侍从手持象征权力的仪仗；而王妃则头戴桃形冠，身着翻领窄袖袍，手捧花束：这一王一妃展现出这个神秘民族的不凡气度。回鹘原称"回纥"，在唐代曾名噪一时，帮助唐王朝平定了安史之乱。后来回鹘分裂，其中一支改称"畏兀儿"，也就是今天的"维吾尔族"。有专家认为，在西夏首次攻克了敦煌（沙州）之后，回鹘人曾与西夏进行过多次争夺，并曾经短暂统治过敦煌，而409窟的回鹘王以及王妃的供养像有可能就是这个时期留下的。

之后在隋代的401窟当中，我终于找到了57窟之外另外一幅手拿玻璃器皿的壁画。北壁上的菩萨头戴宝冠，身披天衣，脚踏莲花，手持一只造型别致的玻璃盘，盘口装饰有一圈乳钉，反映出隋唐贵族考究的生活。

最后观摩了初唐开凿的332窟。这个洞窟南壁上的《涅槃经变》虽然无法同148窟规模宏大的同题材壁画相比，但其中有一幅《作战图》非常有名，反映的是佛陀涅槃之后"八王争舍利"的战斗。画中的骑兵各持长枪盾牌，冲杀攻击，正在进行你死我活的搏斗。这让我们看到了千年之前唐代战场的残酷影像。

看窟结束，回到住处，"禾园钙帮"举行了第二次长老全会。平日很少进厨房的我买了5斤鲜奶，在厨房鼓捣着煮开了，各长老愉悦分食。我跟老铁在百年杏树下吹着夜风，喝着鲜奶，忽然意识到我们来到敦煌已经整整一个月了。这三十天中，日子就像九层楼上空的云，每天都变幻着奇异的形状，让人目不暇接。走进不同的洞窟，遇见各样的游客，体验着从未经历的生活。有新鲜，有疲惫，有紧张，但一直都兴奋着，像永远跃跃欲试的少年。

研学团和九色鹿

暑期来临，终于与研学团正面"遭遇"了。给孩子们讲敦煌，还是挺有挑战性的。因为他们正处于对知识如饥似渴的"十万个为什么"阶段，面对初次接触到的光怪陆离的神佛世界和奇异文化，他们如同抛石机一般，向我抛过来许多问题。我一边见招拆招，也一边在思考：我应该给孩子们讲述一个怎样的敦煌，又在他们心里种下一颗什么种子呢？

莫高窟的意义

在盛唐23窟，我希望他们在观赏唐代青绿山水画真迹的同时，也能够看见千年之前真实有趣的生活，知道他们的先辈在那个盛极一时的王朝中，是如何耕作、欢庆、旅行、闲谈的，并能从中隐约感觉到平凡生活的意义。

在隋代420窟，我带领他们去看菩萨身上美妙的西域纹饰，去感受那种大一统王朝带给洞窟的全新气象和生动气韵，也一起剖析极具争议的隋炀帝，争取能够跳出书本窠臼，更加独立地去思考那些历史功过，而不再用简单的"好"与"坏"去评价复杂的历史人物。

在北魏259窟，我给他们讲了樊奶奶和禅定佛的故事，讲了艺术带给人的巨大作用。鼓励他们去接触艺术，不为考级，只为未来有不同的方式与自己的内心对话。

在北魏257窟，当他们都沉浸于《九色鹿》的奇妙故事之时，我给他们强调了信义对一个人的重要性，以及每个人都应该时刻保持一颗感恩的心。

在西魏249窟，我引导他们进入窟顶奇幻莫测的天界和温情脉脉的人间。期待他们能够像那位拥有如花妙笔的西魏画工一样，永远珍惜和保持自己的想象力和创造力，并永远敢于将它们表达出来，因为这是他们未来远离平庸的最好办法。

我能做的其实很少，只是想用最有趣的图像去激发孩子们对于敦煌文化的兴趣，并在那些不会说话的塑像和壁画的背后，给他们的游览加上那么一点点的意义。我并不知道这样的讲诉他们能够接受多少，但希望他们的莫高窟之旅不止于目光所及。

257窟：九色鹿故事

对于孩子们来说，"九色鹿"就是敦煌。因为这幅壁画曾经被上海美术电影制片厂制作成动画片《九色鹿》，活泼可爱的九色鹿成为很多父母们童年的最美记忆，也变成他们讲给孩子的睡前故事。因此很多研学团都点名要看"九色鹿"，这导致257窟一到暑期就常常门庭若市。

开凿于北魏时期的257窟确实是一个不容错过的洞窟。塑像和壁画都

▲ 莫高窟257窟大名鼎鼎的《九色鹿本生》局部。整幅壁画以土红色做底，配以青绿，在厚重当中透露出一种轻盈灵动。壁画中骑马与九色鹿相对的就是国王，而全身涂满了白点的就是告密的溺水者，他已经浑身长满了癞疮。1981年，上海美术电影制片厂将这幅壁画改编为动画片《九色鹿》。（宋利良2005年摄）

是1 500年前的原作，内容丰富，技艺高超。著名的《九色鹿本生》就绘制在洞窟的西壁。这是一组横卷式的连环画，故事情节从两端向中间发展。壁画以土红色为底，饰以青绿，呈现出一种浓烈而厚重的艺术风格。长时间凝视那片土红，会感觉自己仿佛也被带入那片远古的丛林。

丛林中生活着美丽的九色鹿，它的皮毛九色纷呈，而鹿角洁白如雪，常在恒河边饮水吃草，没有人知道它的行踪。有一天，九色鹿发现有人溺水，正在大声呼救，于是游入水中，让溺水者骑在它背上并抓住它的两角，用尽全力将其救出。溺水者向九色鹿磕头拜谢，并请求作为奴仆来报答它的救命之恩。疲惫的九色鹿谢绝了溺水者的请求，只是要求不要泄露它的行踪，不然一定会有人贪图它的皮毛和鹿角，前来猎杀。溺水者连声答应，告别九色鹿，回到家中。

不久之后，王后梦见了美丽的九色鹿，于是心生贪念。她托病不起，当国王前来探望时，撒娇式地要求国王帮她去寻找这只神奇的鹿，因为她想要用它的皮毛做衣服，鹿角做拂尘的柄。国王疼爱王后，于是向全国发出布告：如果有人能够找到九色鹿，可以获得盛满金粟的银钵和盛满银粟的金钵，并能和国王共治天下。

溺水者见到了布告，贪念顿起。他见利忘义，到国王处告密。但话音刚落，他的全身立刻就生出了癞疮。他让国王多带兵马，前往捕捉。当国王军队围困九色鹿的时候，它正在丛林当中休憩，惊醒四顾，发现已经无路可逃了。九色鹿镇定地走到国王跟前说：且莫杀我，我有恩于王国。于是九色鹿向国王讲诉了自己如何不惜生命挽救溺水者的经过。国王听后非常惭愧，狠狠教训了溺水者，把九色鹿放归山林，并且严令不准侵犯它，违令者将诛灭五族。

九色鹿的故事简单而质朴，向我们展示了一个最基本的道理：做人一定要懂得感恩，决不能见利忘义。同时也在告诉我们，不管在哪个时代，告密者都不会有好的结局。

以身殉戒的小沙弥

几乎所有人都是冲着九色鹿故事来到257窟的，但其实在这个洞窟的南墙，还绘制着另外一幅生动曲折的壁画，那就是《沙弥守戒自杀因缘》。

故事发生在古印度安陀国。一位笃信佛教的长者，将他的儿子送到德行高尚的高僧处，受戒成为小沙弥。小沙弥非常听从高僧的教诲，严格遵守着各种清规戒律。当时高僧和沙弥的饮食都由城中的一位亲善居士供养，每日遣人送到居处。有一天，居士夫妇外出会客，忘记派人供养饮食，于是高僧便派小沙弥前往取食。估计临行前也叮嘱了"山下的女人是老虎，遇见了千万要躲开"之类的话。

给小沙弥开门的正是独自在家的居士女儿。少女正是怀春花季，开门之后，见小沙弥面容清秀，便心生爱慕之情，情不自禁牵手拉衣，做出各种诱惑媚态，希望能够与小沙弥婚配。小沙弥数次拒绝，都没有办法摆脱纠缠。

小沙弥决心以身殉戒，于是他让少女准备一间屋子，说自己需要稍作准备。少女以为小沙弥心意回转，欢天喜地为他开了一间静室。但等待良久，都不见人出来。她推门入室，惊恐地发现小沙弥已经自刎而死，血流满地。少女揪发抓面，嚎啕痛哭。这时候亲善居士正好回家，少女向他哭诉了实情。居士虔诚礼拜了沙弥尸身，然后带着女儿前往国王处受罚赎罪——按照当时的法律，若有出家人死在世俗人家，将罚金一千。国王大为惊叹，亲自前往居士家中礼拜沙弥，并用宝车将他的法身运往空地，堆焚香木，火化尸骸，起塔供养。

257窟这两幅生动的壁画，一幅展示了溺水者在利益诱惑面前，见利忘义，恩将仇报；一幅则显示了小沙弥在女色诱惑面前，不为所动，舍身护戒。我想当年洞窟设计者在安排洞窟内容时，一定有这样的深意。他为我们展现出两种不同的人生选择，以及迥异结局：一个被万人唾弃，而另一个受万人供养。

当我不断阐释着洞窟壁画的更多意义时，整个研学团便再次毫不意外地严重超时了。看来在我的整个莫高窟讲解员生涯当中，都很难解决讲解超时这一问题了，终于要成为刘老师培训时一再告诫我们不要成为的那种"窟霸"了。

吐 蕃 赞 普

带团结束之后，继续去看特窟。今天非常幸运地进入了159窟。这是吐蕃统治敦煌期间的代表性洞窟。吐蕃曾是青藏高原上的强大王朝，其实力令大唐也不敢小觑，于是有了两度和亲——文成公主与金城公主前后进藏，成为历史佳话。但在安史之乱后，大唐实力断崖式下跌，吐蕃乘虚而入，占领了包括敦煌在内的陇右、河西大片地区。"盛极而衰"似乎就是王朝的宿命，进入鼎盛的吐蕃很快就在9世纪初转入了"下行区间"，这时候的吐蕃赞普派专使到唐朝请求会盟，缔结友好盟约。而已经在安史之乱中大伤元气的唐王朝当即同意。于是在821年和822年，双方互派使者，先后在长安与拉萨举行了会盟仪式，缔约永远和好相处。今天我们在拉萨大昭寺门前，还能看到823年便树立在那里的唐蕃会盟碑，它铭刻着两个王朝的相爱相杀。

在我看来，建造于824年的159窟，仿佛是另外一块更美更丰富的会盟碑。我在洞窟东壁上看见了那幅大名鼎鼎的《维摩诘经变》，在文殊菩萨和维摩诘居士下方，头戴冕旒、身穿朝服的中原帝王，与头戴朝霞冠、身穿白色左衽翻领袍的吐蕃赞普，隔窟门相对，仿佛正在遥致问候。我想画师在这里绘出的或许就是当时的大唐天子唐穆宗和吐蕃赞普赤祖德赞，他们在各自侍从的簇拥之下相向而行，这正是当时唐蕃会盟共结友好的真实写照。

结束了今天的工作之后，和敦煌研究院的几位老师一起共进晚餐，偶然说到讲解超时问题，有人意外爆料，当年刘老师在一线讲解的时候，就是著名的"窟霸"，别人看到他带队进窟了，基本都会断绝在门口等候的念头——呵呵，原来这才是刘老师的真面目。那我这个"拖堂"的老大难问题，也可以说是衣钵相传了吧，不改也罢。

▲ 莫高窟藏经洞出土的中唐《维摩诘经变》局部。图中画出了前来听维摩诘和文殊菩萨辩法的各国帝王形象，其中站立在华盖之下，头戴朝霞冠，身穿兽皮翻领长袍的，正是吐蕃赞普。这与159窟壁画中的吐蕃赞普形象极为相似。

西魏285窟：王者荣耀

今天最大的收获，就是和老铁一起进入了不对外开放的285窟。它是莫高窟早期石窟当中规模最大、内容最丰富、艺术水平最高的一个，同时又是莫高窟首个有明确纪年的洞窟。在各类宣传当中，它常代表敦煌出镜，堪称莫高窟的超级明星。这个洞窟被很多专家推断为西魏时期东阳王元荣的功德窟，所以在网上又被人戏称为"王者荣耀"。

万 神 之 殿

我们一走进285窟，就感觉是误闯进了"万神殿"，众神的目光像是投枪一样飞来。最让我望而生畏的是西壁上列坐的印度佛教诸神，此时的他们已经成为了佛教护法神。佛龛北侧居首的是大名鼎鼎的湿婆神，他骑于青牛之上，浑身深黑，三头六臂，其中两手托着日和月，另两手拿着铃与箭，最后两手在胸前拉满弓弦，一副"唯我独尊"的霸气模样。湿婆神的身下是留着童子式发髻的鸠摩罗天，他乘孔雀而来，身有四臂，手中拿着武器、公鸡和葡萄。鸠摩罗天身旁则是更加恐怖的毗那夜迦，他象头人身，一手持钵，一手握着自己的象鼻。而南侧的众神，则以毗湿奴为尊，他共有三头八臂，主头为白色，另外两颗头颅一绿一黑，神情各异；两只绿手高擎日月，两只黑手持莲花及转轮，脸上满是"舍我其谁"的神情。毗湿奴之下则紧跟着帝释天和梵天王，均是不怒而威的样子。

当我在诸位护法大神的震慑之下噤若寒蝉时，突然感觉窟顶雷电大作，满壁风动。抬头一看，有雷神擂响连鼓，电神发出闪电，雨神计蒙口吐白练，风神飞廉御风弄云。在这风起云涌之中，伏羲和女娲出现在了窟顶东方，他们都是半人半兽模样，伏羲一手持矩，身佩日轮，女娲一手持规，身饰月轮；飞天供养着摩尼宝珠出现在窟顶南方，周围围绕着力士乌获、千秋鸟、持幡飞仙、乘鸾仙女，以及十三头的天皇、十一头的地皇和九头的人皇。一时间窟顶中原众神云集，各显神通。我看得目瞪口呆，手足无措，心中忐忑：是不是我的不请自来，打扰了他们的清修，引发了众神之怒？

放下屠刀，立地成佛

这边好不容易等到众神收了神通，洞窟南壁又突然传来了金戈铁马之声。定睛一看，原来是五百名强盗正与大队官兵作战。官兵们高头大马，全身披甲，武器精良；而强盗们手持大刀盾牌，且战且退，也不失强悍。但强盗终究敌不过正规骑兵，一场恶战之后，五百强盗束手就擒。

随后，强盗们被押送到了皇宫，国王高坐大殿之上，手持麈尾，意态悠闲，但却毫不留情地判处五百强盗"挖眼"之刑。于是痛苦嚎哭之声不绝于耳，五百强盗眼眶空洞，血流满面，生不如死；之后他们被抛弃在荒野之中，自生自灭，有饿虎循着血腥味而来，他们随时都可能葬身虎腹。五百人的哭号之声令佛陀心生怜悯，他现身于青山绿水之中，为五百强盗说法，众强盗纷纷悔悟而皈依佛门。于是，释迦牟尼便将雪山香药吹进他们的双眼，让五百人全部复明。最后强盗们改邪归正，在山林之间参禅苦修，终于"放下屠刀，立地成佛"。

至此，洞窟南壁也终于回归了宁静，慢慢凝固成了那幅著名的壁画《五百强盗成佛图》。整个画面布局紧凑，情节连贯，山水美妙，人物细腻，节奏更是张弛有度，不愧为美术史上的旷世杰作。看着这恢宏画面，我突然觉得似曾相识，仔细回忆，终于想起在2017年故宫青绿山水的大展当中，曾经看过这幅壁画的局部，当时的展品仅仅截取了《五百强盗成佛图》中一部分美妙山水，将其作为中国青绿山水画的源头之一。由此可见这幅壁画异常珍贵，即便只是"边边角角"，却已经有"开山立派"之功了。

来自江南的秀骨清像

经历了众神之怒和群盗之战后，洞窟气氛终于舒缓了下来。这时候我的耳朵里似乎有美妙的音乐传来，抬头一看，原来是南壁上端的伎乐飞天拨动了琴弦。这十二身飞天头梳双髻，身姿窈窕，嘴角含笑，清秀绝伦。她们在流云之中轻快飞行，有的轻拨箜篌，有的弹奏阮咸，有的怀抱琵琶，有的手持竹笙，有的口吹排箫，有的疾击腰鼓，引导着我们向佛陀讲法之处走去。

在洞窟的东壁和北壁上，绘制有多幅《说法图》：华盖精美，天人飘逸，佛陀开讲妙法，菩萨胁侍左右，意境静谧安详，与刚才的众神齐聚的喧嚣有云泥之别。但我突然发现此处所有的佛陀和菩萨一改之前我所熟悉的北朝沉雄凝重之风，个个身材修长、细眼薄唇、面容清秀、迪脱潇洒，完全是一派江南士人的"秀骨清像"。尤其是众位菩萨的衣着，完全就是南朝江南最为流行的"飞襬垂髾服"，它底部有裾，形成了层层相叠、上宽下窄、呈刀圭形的尖角；而围裳中又有数条飘带伸出，走起路来，极有凌波微步、飘逸出尘之感。

看来在285窟开凿的时候，北魏太和年间启动的汉化政策已经改变了社会审美，衣冠南渡之后与当地文化结合而形成的全新"江南风格"，其影响力已经横扫中原、深入敦煌了。

密 宗 观 音

终于依依不舍地告别了神秘的285窟，开始"巡视诸窟"。今天似乎跟神秘有缘，随后多个洞窟当中都见到了"密宗"的主题壁画。密宗是印度佛教的一个宗派，据说其"密法"早在三国时期就传入中国，而在唐玄宗开元年间，印度高僧善无畏、金刚智、不空来华，译经弘法，逐渐确立了"密宗"这一佛教宗派，也被称为"汉密"。而与此相对，从印度传入藏地的密宗则被称为"藏密"，莫高窟大名鼎鼎的465窟就是唯一的藏密洞窟。

在初唐334窟当中，我看到了莫高窟最早的"汉密"菩萨画像，密宗六观音之一的"十一面观音"。所谓六观音，就是六种名称不同、形象各异，分别度化"六道众生"的观音菩萨。334窟中的十一面观音在莲花之上结跏趺坐，十一张面孔呈宝塔式排列，表情各异，似乎是展示观音在救助世间诸难时，正施展着不同的法力。

而在盛唐开凿的384窟当中，我又遇见了密宗六观音中的另外两位——不空绢索观音和如意轮观音。南壁上的不空绢索观音身有六臂：上两臂分持钺斧和宝瓶；中两臂分别施无畏印和持莲花；下两臂则拿着绢索和水瓶。他将用慈悲的绢索救助众生。而北壁的如意轮观

莫高窟285窟当中的佛陀和菩萨。佛陀和菩萨形象
非常独特，面容清秀，完全呈现出南北朝时期江南
士族所流行的"褒衣博带"和"秀骨清像"的时代
风格。尤其是菩萨所穿正是著名的"飞檐垂髻服"：
衣裾如刀，飘带出尘。（孙志军2002年摄）

▲ 莫高窟露天壁画中的密教不空绢索观音形象。虽然经历千年风沙，但基本保持完好。他一面六臂，手持绢索，身边天人弟子簇拥，正俯视芸芸众生。

音同样为一面六臂，其中有两手分别持有如意宝珠和宝轮，因此得名。两幅壁画均描摹细腻，配色典雅，极为精美。

往常看窟，除了欣赏艺术之美，更多的是看见古老的生活场景，感受历史的风云变幻，但今天在285窟和这些密教题材的壁画当中，我又遇见了莫高窟最神秘莫测的一面。

苏州才子陈万里

晚饭之后，意犹未尽，继续上网寻找专家学者们对285窟的各种解读。不想却发现了除"秀骨清像"之外，285窟与江南的另一种联系。原来它还曾跟一位江南才子有过一段刻骨铭心的往事。如果没有了这个人或明或暗的保护，或许今天的285窟就只是一个空空如也的洞穴了——他就是苏州人陈万里。

我跟这个名字也有一些奇妙缘分。因为酷爱摄影，我很早就知道了陈万里，他是中国最早的摄影发烧友之一。1923年，他在北京大学发起成立了中国第一个摄影社团"光社"。而在此之前，他曾跟随苏州同乡顾颉刚一起到访过我今天生活的甪直古镇，为镇上保圣寺中的国宝塑壁罗汉留下了许多珍贵照片，并跟顾颉刚一道掀起了民国最为人称道的一次文物保护运动。

陈万里与285窟的故事发生在1925年。曾在莫高窟无耻盗走壁画和塑像的美国人华尔纳卷土重来。这一次他将目标锁定在无与伦比的285窟，企图以学术研究为名，将整窟绝美壁画全部揭走。为了这个阴险计划，他再度以哈佛大学名义率领考察队来华，并力邀北京大学相关人士同行，希望借此减小阻力，实现其不可告人的目的。

当时的北京大学并不知道华尔纳在敦煌的所作所为，他们同意合作，但也慎重地派出了陈万里同行。在随同考察队前往敦煌的过程中，陈万里获知了他们妄图盗走285窟全部壁画的无耻计划，便不断通过与各处地方政府和机构的沟通，提醒敦煌当地注意提防，终于让华尔纳的计划完全破产。而285窟也因此逃过了这次"谋杀"。

虽然此行陈万里在莫高窟停留的时间很短，但他还是排除万难，发挥摄影才能，为莫高窟留下了弥足珍贵的17张影像，其中就包括285窟。他也因此成为了历史上第一个拍摄敦煌莫高窟的中国人。

看完这段285窟往事，我不禁掩卷感叹：这就是江南与敦煌的不

▲ 陈万里所摄莫高窟285窟。他留下的17张照片是目前所知中国人拍摄莫高窟的最早影像。

解之缘吧。即便千山万水，即使素昧平生，还是会有江南人挺身而出，西入大漠，去护佑那些光华夺目却又遍体鳞伤的敦煌石窟。

寻找华塔

听老崔说过，在宕泉河的上游一个叫做成城湾的地方，三危山和鸣沙山于此相会，一座很美的华塔矗立在山巅。他上次来莫高窟的时候，曾去寻访。路不好走，但看到佛塔的瞬间，便觉得一切都是值得的。今天上午守望者团队原计划集体前往成城湾寻找华塔，但阳光炽烈，暑热浪涌，不少人有了退意，改为继续带队和看窟，最后只剩下了张春晓老师、杨翻、蔡一晨和我，一行四人，依旧出发。

清凉河谷

去往成城湾的道路不止一条，我们远远看见宕泉河谷当中绿意盎然，有一种清凉意境，便选择了依河道而行。途经一处小型水坝之后，宕泉河一改干涸面目，送给我们满眼的惊喜。河谷中有了一道清浅的溪流，水边草木丰茂，野花怒放，鸟雀呼晴。河谷西侧是鸣沙山沙丘起伏，东侧是三危山壁立千仞，我们就在这柔软与坚硬之间，一边欣赏着出尘的风景，一边溯溪而行。时而有鹰翱翔在湛蓝天空，陪伴我们从秘境通向秘境。

溪流婉转，常需要跨越水面。刚开始大家还颇为谨慎，很怕不小心踏入水中，三四次之后就都如凌波微步了，大不了就鞋入清溪，反而更添几分凉爽。一路空谷无人，静谧安逸，也不知道转了几个河湾，正在大家开始疑惑是否误入迷途的时候，终于看到华塔矗立在河谷之旁、山巅之上、白云之中。于是我们又兴奋起来，准备上岸登山。但是河道边杂草丛生，高处已没过人肩，遍寻不见道路。于是杨翻执伞柄开路，两位女士居中跟随，我殿后掩护。一路披荆斩棘，终于踏出一条新路，来到了野花摇曳的华塔之下。

华 塔 往 事

华塔矗立在三危山和鸣沙山的交汇之处，背倚群山，俯视河谷，气势不凡。所谓华塔，也就是花塔，因为塔顶形同花朵而得名。目前全国仅存十多座。

成城湾华塔以土坯筑成，塔身保存较好，高大朴实的须弥座之上，是装饰有假门的塔室，门前有双龙护卫，极为生动；塔室之上是无数莲花花瓣包裹的华丽塔身，如同献给天空的巨大花蕾；而每一片花瓣之上，又立有一座小塔，象征着《华严经》中所说的"莲花藏世界"，这让整座塔又仿佛楼宇密布的微型城池。我曾经去河北正定观赏过广惠寺华塔，当时也惊叹于塔身的繁复之美，但是今天所见成城湾的华塔却多了一种俯视山河的气势和蕴华丽于质朴的独特气质。

在华塔近旁，还有一座小塔和一处土堡遗存。显然，多年以前，这里应该是有过大规模的建筑存在的。有专家考证，这片区域应该就

成城湾华塔以土坯砌成，塔身保存较好。著名建筑学家萧默认为，成城湾华塔是北宋遗物，属于全国现存华塔当中建筑年代比较早的一座。

是敦煌历史上非常有名的晋代"仙岩寺"所在。当年被称为"敦煌菩萨"的一代名僧竺法护或许就是在此"微吟穷谷"、"濯足流沙"、参禅译经的；而被誉为"敦煌五龙"之首的书法家索靖，或许也就是在这里提笔写下了墨迹淋漓的"仙岩寺"三个大字。

也有专家根据收藏在法国的敦煌遗书《凉国夫人浔阳翟氏重修北大像记》中凉国夫人"届此仙岩，避炎天宰煞之恶……拨烦喧于一月"，"大王夫人于南谷住至廿四日"等记载，推断原来的仙岩寺在曹氏归义军时期已经成为了节度使避暑的"夏宫"。我想，千年前的成城湾应该是树木葱郁、河流清澈的另一副模样吧。在这样的禅意幽谷之中，自然会热意消退，心生清凉。

不管此地当年是高僧圣地，还是权贵夏宫，今天都已经化作了黄土残垣。唯有华塔巍巍，矗立风云之中。我们四人在土堡当中围墙之下阴凉之处倚坐歇脚，补充一些水和小零食，随意谈论和揣测着如烟旧事，也想象着 1 000 年以来，同一片蓝天之下，不知有多少有故事的人，曾在这土墙之下，向连绵的群山、深邃的河谷、华丽的佛塔，投去意味深长的一瞥。

宕 泉 濯 足

休息之后，打算启程回窟区，却看到另一侧的河谷当中树木高大，枝繁叶茂，于是大家再度下到了郁郁葱葱的溪流边。这里芦苇丰茂，溪水澄澈，在这炎炎夏日当中是一种无法抵挡的诱惑。于是我们脱去鞋袜，排坐溪边，濯足清流，享受着来自祁连雪水的透骨清凉。想起东坡先生说过的"赏心十六事"，"暑至临溪濯足"正是其中之一。年少时暑假中常与伙伴们在江边戏水，今天再次体会到那种简单的快乐，只是倏忽之间，三十年时光如同这眼前的流水，已一去不返。

忍不住捧起溪水痛饮，入口清冽，略带苦味。但就是这水催生了璀璨的莫高文化，滋养了几代莫高人。从1944年国立敦煌艺术研究所开始，莫高人就一直以此为水源。常书鸿先生的儿子常嘉皋曾回忆说，小时候总是盼着冬天，因为河水结冰之后，融冰取水，就再没有咸苦味道了。直到20世纪80年代打了深井之后，莫高人才真正告别了这种淡淡的苦涩。

将水杯装满了溪水，我们沿着河谷返程，在即将转过河湾的时候，我转身回望山巅上的华塔：它像极了一个孤独的人站立在那里，浑身写满了故事，却一言不发。

敦 煌 英 雄

中午回到窟区略作休息，带领一拨游客参观了洞窟，之后前往特窟156窟观摩。我对这个洞窟期待已久，因为这里住着我们慕名多时但未曾谋面的敦煌英雄——张议潮。

今天的人们对"张议潮"三个字可能很是陌生，但在公元848年的敦煌城，这个名字就是一道划破长空的闪电。在被异族统治了60多年，受尽了吐蕃人的奴役之后，敦煌人终于等来了历史机遇和绝世英雄。趁吐蕃发生内乱之机，"少习文史，长通韬略，虽生长房中，而心系本朝"的张议潮率众起义，经过浴血奋战，连续击败吐蕃军队，收复了敦煌。

公元850年，远在敦煌2 000公里外的长安城沸腾了，张议潮的信使、高僧洪辩的弟子悟真和尚历经千难万险，冲出吐蕃人的包围，带给长安乃至整个王朝一个令人无比振奋的消息：敦煌光复了。自此，敦煌与王朝中央终于恢复了中断多年的联系。虽然在藩镇割据中自顾不暇的大唐政府无法给予张议潮太多实质性帮助，但整个国家和人民都将关切的目光重新投向了这片土地，而"敦煌英雄"的演出正渐入佳境。

公元851年，张议潮连续攻克河西十一州，并派人向朝廷献上了十一州图籍。大喜过望的唐宣宗立即在收复的失地上设置了"归义军"，并敕封张议潮为"归义军节度使"。但张议潮并未停下步伐，公元861年，他终于登上了人生的巅峰——归义军成功收复了被吐蕃占领的最后一个重镇凉州（今甘肃武威）。自此，唐王朝陷没了百年之久的河湟故地在张议潮手中全部光复，中断一个世纪的河西走廊重获通畅。世人有诗赞这位敦煌英雄：

> 河西沦落百余年，路阻萧关雁信稀。
>
> 赖得将军开旧路，一振雄名天下知。

《张议潮统军出行图》

156窟就是张议潮的功德窟。我们走入洞窟，看到那幅贯通南壁，并一直延伸到东壁南侧的旷世杰作，其他的精美壁画似乎都再难入眼了。这就是赫赫有名的《张议潮统军出行图》。它仿佛将这位敦煌英雄波澜壮阔的一生缓缓展开。画面的最前部是四个鼓手和四个角手，他们一出场，我便仿佛听见了吹角呜呜；紧随其后而来的是披甲执旗的武骑和文骑，伴随着战马的嘶鸣声传入耳中；夹杂在两组文骑中间的是载歌载舞的舞者和乐师，其中还有一些人身穿吐蕃装，此时大唐古乐便又在我耳畔响了起来。

在众多执旗者、仪刀官、护卫兵的簇拥之下，张议潮终于缓缓行来。他头戴幞头，身穿红袍，骑白马，执短鞭，器宇轩昂。虽然眉眼已经有些模糊，但我还是能够依稀感受到那种英武之气。这不仅是一个战功卓著的将领，也是一个治国安邦的能臣。在他的治理之下，河西地区实现了经济发展、文化重续、民族团结、安居乐业。当时的中央官员巡察河西之后曾赞誉："观河西之地，旧时胡风尽去，唐风大盛。人物风华，一同内地。"而在张议潮身后，还紧跟着后勤队伍，有人正在射猎，有人正在驮运，保障着整个军队的补给。整幅画卷人物过百，但却安排得疏密得当，井然有序，它是历史时刻的凝固，却也是始终新鲜的生活。

我久久凝视着这位敦煌英雄的画像，心中百感交织。在历史的长河中，总会有人在一些关键时刻挺身而出，或者拯救万民于水火，或者影响历史的走向，成为了光耀千秋的英雄。少年时代我也曾做过这样的梦，但如今年过不惑依然寸功未立。很显然我已经不可能成为那样的人物了，那就让我的平凡人生像那座矗立在成城湾的华塔一样：有故事，不平庸。

江南手艺

今天是守望生活中的最后一个休息日。早晨和几个伙伴在百年杏树下闲坐看书聊天，享受着从树叶缝隙间透下的带着杏子清香的阳光。在经过漫长的等待与无数次试吃之后，敦煌名物李广杏终于熟了，就如同曾历经青涩的守望者们一样。

这种水果据说是当年随"飞将军"李广的军队从新疆地区传到敦煌的，因此得名。敦煌日照长，温差大，土质好，因此养出了光泽黄亮、汁甜如蜜的李广杏。尤其是我们所居住的合水村附近，由于靠近非常优质的水源，所出产的杏子更被誉为敦煌第一。

敦煌的李广杏就如同苏州的白玉枇杷一样，都是同类水果当中的极品。每年的这个时候，敦煌的各个村落就开始忙着采摘鲜果，发往全国各地了。这也是敦煌不少家庭一年中最重要的收入来源。今年由于雨水较多，杏子产量不高，因而价格不低，算上运费接近50元一斤了。看来想要实现"李广杏自由"，也不是一件很轻松的事情。

在这样静谧的小院里大树下，喝几盏茶，吃

几颗杏，看几页书，真的是人生难得的闲暇时光了。但美的东西总是短暂，李广杏也就短短十几天的黄金期，如同转眼即逝的守望者生活。真希望年年杏子成熟的季节，都能够人在敦煌。

飞 天 情 缘

下午搭车去了莫高窟，因为有位钟老师从苏州过来旅行，朋友嘱咐我略微照应。听朋友介绍，钟老师是一位颇有名气的核雕艺术家，工作室位于苏州著名的舟山核雕村，而她最优秀的作品就是以江南的技艺在橄榄核上雕刻出完美的敦煌飞天形象。这一点深深打动了我，我觉得她跟我一样，用自己的方式，在敦煌与江南之间建立着某种微妙联系。

我带着钟老师一行重点看了几个有飞天形象的洞窟，比如390窟和427窟当中自由飘逸的隋代飞天，329窟佛龛顶部纷纷而下的唐代飞天，29窟中环壁飞行的西夏飞天，也仔细讲解了飞天的来源以及形象的演变，希望这些不同时期的美妙形象对她未来的创作能够有些许的帮助。

参观过程中，钟老师很是感慨。她说因为小时候看过《九色鹿》动画片，记忆非常深刻，对敦煌充满向往。长大后从事核雕，一直偏爱雕刻菩萨和仕女，终于有一天把对敦煌的向往变成了橄榄核上的飞天。作品出来之后，很受玩家的追捧和业界的好评。

▲ 钟老师创作的敦煌伎乐飞天主题的核雕作品，在方寸之间展现出了敦煌之美。她用这门传统工艺串起了江南与河西。

从某种意义上来说，这也是钟老师的圆梦之旅。她说在太湖边创作的时候，时常会想象几千里之外的敦煌莫高窟到底有多美，可以孕育出如此精彩的飞天形象。"敦煌对我来说始终像个梦一样，或者说是我的信仰。"

复 绣 敦 煌

与钟老师的相遇也让我想到了苏州的另外一个人——著名的刺绣艺术家邹英姿。她们都用传统的技艺，串联起了江南与敦煌。在开启守望之旅前，我就听说过邹老师的故事。她曾多次来到敦煌，创作了《鸣沙山印象》《问佛》《佛像系列》《敦煌莫高窟第四十五窟系列》《白衣菩萨》等敦煌主题的苏绣作品。

邹老师并没有止步于此。她偶然了解到当年英国人斯坦因从藏经洞带走的文物中有一件巨大尺幅的中国古代刺绣作品《凉州瑞像图》，今天保存在大英博物馆当中，便产生了"复绣"这一作品的想法。于是她随这件作品的展出，多次往返于英国、美国和日本，查阅了无数文献资料，整理已经失传的刺绣技法，并不断向敦煌学界以及刺绣界的专家学者请教，最终耗时四年，刺绣三百万针，完美复绣了这件珍贵作品。2019年，邹老师将它捐赠给了敦煌研究院。

从邹老师、钟老师这样的工艺大师身上，我也再次看到了在敦煌与江南之间，在这"千里雪"与"万斛船"之间，并非空无一物，而是始终都有手艺相连，人心相通。

学 者 王 惠 民

下午收到老婆发来的儿子照片，小伙子正在外地参加为期十天的

高241厘米，宽160厘米的《凉州瑞像图》是目前所见中国古代刺绣中最大的一幅，现藏大英博物馆

军训，将和我在同一天"结营"。这是他人生中第一次离开父母独自生活。照片上的KaKa身穿军装，脸上略有憔悴，但也多了几分坚毅。我知道这段生活对于天性敏感的他来说并不容易，但男子汉总有一天会离开父母独自远行的。所以就让我们父子俩各自加油，并肩前行吧。

晚饭之后，项目组请来了敦煌研究院的著名学者王惠民老师，为我们分享他的研究心得。王老师主要讲诉了他解读出莫高窟321窟当中《十轮经变》的整个过程。在此之前，学界普遍认为这幅壁画描绘的是《宝雨经》的内容。

王老师向我们介绍了如何从壁画中发现关键线索，从线索判断关键人物，再从人物指向内容情节，最终确定整幅壁画的主题。推断的过程就如同侦探探案，步步深入，引人入胜。但我们都知道，在王老师云淡风轻的描述背后，还藏着无数佛经的阅读、海量文献的查阅，以及不放过任何一个细节的壁画观摩。

王老师在敦煌工作了一辈子，为人幽默天真，不问红尘俗事。他说一个人能做自己很喜欢的事情，还有人发工资发福利，让自己没有任何后顾之忧，绝对是一件无比幸运的事情。这也代表了一批终身浸淫敦煌文化之中的学者，他们享受着在敦煌的分分秒秒，生活无比丰富又如此简单。

讲座结束之后，回到房间，在网上继续查找一些相关资料，以加深对讲座内容的理解。偶然看到了王老师的简介：王惠民，浙江杭州人，1984年毕业于杭州大学历史学系，毕业后到敦煌研究院工作至今，现为敦煌研究院考古所研究员。

原来，他也来自江南。

"三兔共耳"的秘密

今天带团的时候，特意去了一趟平时较少选择的407窟。这个洞窟开凿于隋代，西壁佛龛当中的塑像全经清代重修，但是全窟的壁画都是隋代原作，非常精彩。我很喜欢佛龛顶部的八身飞天，身材匀称，姿态飘逸，手持鲜花、乐器，在流云之中前后呼应。

三兔莲花藻井

当然，这个洞窟的重点在于窟顶的藻井图案，这是莫高窟当中与329窟"莲花飞天藻井"齐名的"三兔莲花藻井"。从优美程度来看，这两个藻井图案各擅胜场，但是如果从传奇色彩来讲，407窟的"三兔莲花藻井"就更胜一筹了。

窟顶中央绘制了数层八瓣大莲花，仿佛悬浮碧空，莲花的四周云气纵横，八身飞天游于其中，有的手捧香炉，有的手扎莲花，有的手持化盘，身上的飘带随风而动，更增添了动感。周围还装饰了多层的菱格纹、连珠纹、垂角纹和帷幔等，配色高

▲ 莫高窟407窟窟顶的三兔莲花藻井。莲花之中是三只相互追逐的兔子。三只兔子相互连接，形成了三只兔子三只耳，但单看每只兔子又都有两只耳朵的奇妙图案。（敦煌研究院中物数字化所制作）

雅。最为奇特的是位于八瓣莲花正中的图案。我让游客当中的小朋友来猜猜画的是什么，他观察了一会说："上面画了三只正在赛跑的兔子。"

那确实是三只撒腿飞奔的兔子，它们前后相接，互相追逐，又共用兔耳，宛如圆环，你中有我，我中有你，形成"一只兔子两只耳，三只兔子三只耳"的奇妙效果，并与外围的莲花、最外层的飞天动态呼应，似乎整个藻井都在它们的带动之下，旋转了起来。

老铁的敦煌之缘

守望者老铁和敦煌的缘分，就来自"三兔共耳"这个神奇的图案。那时候他生活在一个叫做帕德博恩（Paderborn）的德国城市，看到这个城市的市徽当中、教堂之上，都有"三兔共耳"的神奇图案，于是心生好奇，开始探究这个图案的含义，却发现这个神奇的图案不仅出现在德国的教堂里，也出现在古格王朝的寺庙内，伊朗的古铜盘中，古埃及的陶器碎片上，仿佛成为了一个跨文化的图腾。

最终老铁找到了这个图案最早出现的地方，是敦煌莫高窟的隋代407窟。于是，他在"三兔共耳"的引导之下，第一次来到了敦煌，随即被这里

▼ 德国帕德博恩大教堂晚期哥特式回廊中窗上的三兔共耳图案，16世纪初由技艺精湛的石匠雕刻而成。原物在"二战"时被轰炸而有部分损坏，陈列在城市博物馆里。三兔共耳图案已经发展成为这座城市的地标。（铁锚摄）

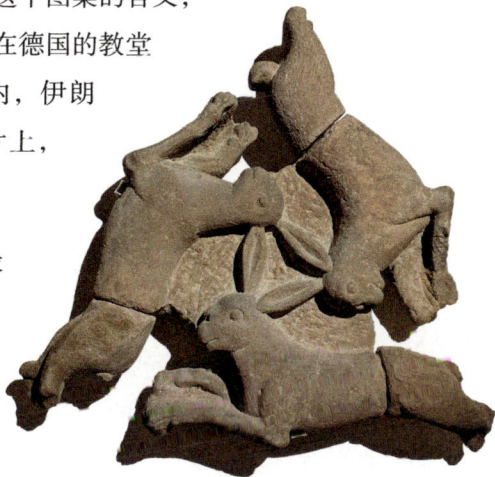

深邃和多元的文化所吸引，不能自拔，并最终有了这次守望之行。他希望在守望期间，能有机会发现关于三兔共耳的更多秘密。敦煌就是如此神奇，它总能以各种方式与我们的生活产生联系，并引导着我们抛开一切，走上这条朝圣之路。

其实在莫高窟多个洞窟当中都有这个图案。比如406窟、139窟、237窟、205窟，等等，但描绘得最精美、历史最久远的，就是407窟。我和老铁之前也多次来这个洞窟结合四周壁画仔细揣摩其中的深意，但终究还是未得要领。老铁多方打听，了解到敦煌研究院的侯敦老师对此颇有研究，于是约好今天午后前去请教。

解密"三兔"

侯老师学识渊博，他一方面从美学设计角度解读"三兔共耳"，认为这个图案跟很多植物造型一样，符合"斐波那契螺旋线"，也就是我们常说的"黄金螺旋"。这种螺旋广泛存在于自然界当中，大到台风的形态、星系的外观，小到雏菊花瓣的排列、向日葵花盘内葵花子的阵型。三兔共耳的整体构图也基本符合这一螺旋，因而呈现出一种自然美感。

另一方面，从图案内在含义来讲，就比较复杂了。由于其出现在不同的文化体系中，因而会有完全不同的解读，比如中世纪的基督教堂上的"三兔共耳"很可能代表的就是"三位一体"，即"圣父、圣子、圣灵"。但侯老师也认为，从根源来讲这个图案很可能跟生殖崇拜有关，因为兔子在古代一直以繁殖力强而著称，而三兔共耳所形成的那种循坏往复、生生不息的状态，又跟人们对代代相传、繁衍不息的期待非常吻合。

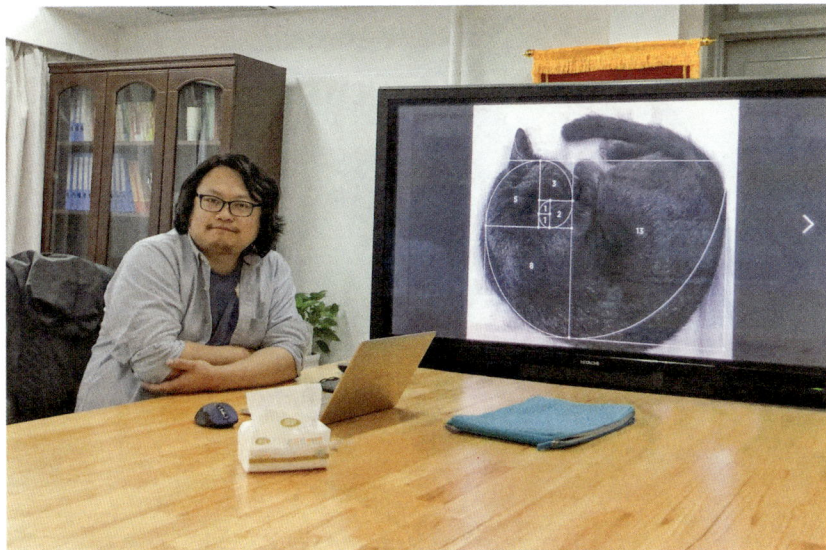

▲ 侯敦老师认为这个图案跟自然界很多造型一样,符合"斐波那契螺旋线",也就是我们常说的"黄金螺旋"。

老铁听得津津有味,而对于这个问题没有过多涉猎的我来说,听完之后更感觉到神秘和魔幻:莫高窟绝对是包罗万象、囊括一切的。我觉得以"三兔共耳"的题材完全可以衍生出一部媲美《达·芬奇密码》的悬疑大片来。最好请诺兰来担任导演兼编剧,由约翰尼·德普出演男主角,迪丽热巴领衔女主角,在敦煌以及丝路沿线实景拍摄,一定可以成为一部很悬疑特养眼、风光美文化深、既叫好又叫座的伟大作品,一举打破影史票房纪录。

结束交谈,走出侯老师的办公室,我问老铁是否算是找到了"三兔共耳"的秘密,他说又知道了更多,但还是没有答案。是的,也许很多问题永远都找不到标准答案,但探寻它的过程,本身就是对

▶ 侯敦老师为我们展示的一枚古瓷片上的三兔共耳图案。

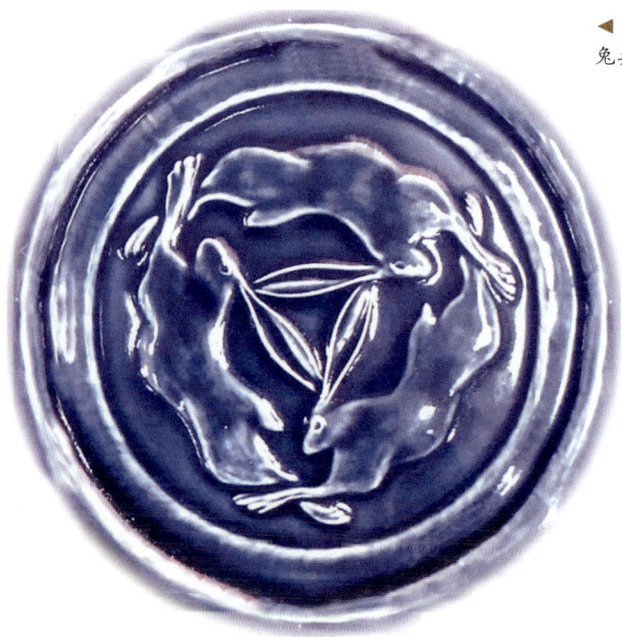

▶ 一件英国瓷器上的三兔共耳图案。

生活的一种回答。

194窟：盛唐美人

这时老铁的"学生"来电，约同去观摩194窟。这可是一个极为精彩的不开放洞窟，我们赶紧加快步伐往窟区走去。194窟接近崖壁顶端，举目四望，别有风致。旁边就是因唐代木构窟檐而闻名遐迩的196窟。我们纷纷上前跟这座硕果仅存的国宝木建筑亲密合影。

走进194窟，感觉触目惊心，窟顶和西壁的壁画基本全毁，南壁的《维摩诘经变》脱落大半，北壁的《观无量寿经变》上部残缺。这些脱落的壁画永远都无法再恢复原状了，震慑人心的美丽付之尘土，真是让人扼腕叹息。

唯一让人欣慰的是，西壁佛龛当中彩塑群像保存下来了，而且艺术水准极高，色彩青翠淡雅，堪称盛唐极致之作。尤其是位于龛中南侧的胁侍菩萨，双环发髻，圆润脸颊，翠眉凤眼，隆鼻朱唇，小腹微有凸起，身材增一分则胖，减一分则瘦，让人立刻就明了盛唐以"胖"为美的真意。她身着绿色花草纹衣裙，整个神态娴静典雅，完全就是一位从千年前走来的大家闺秀，让人顿时心生亲近之感。

菩萨外侧的天王则脚蹬乌靴，身佩胸甲，腰裹战裙，身姿矫健，面部表情却极为和蔼，双目成缝，大嘴咧开，一脸爽朗笑意，浑身都透露一种"为君谈笑静胡沙"的自信之感。正当我想再近前一些，与盛唐的"大叔"和"淑女"谈谈心的时候，位于龛外的两身力士又让我即刻打消了这一念头。他们赤裸上身，张嘴呵斥，身上肌肉如山丘隆起，充满了"拔山扛鼎、搜象拖犀"的霸道和"拒人于千里之外"的严厉。

莫高窟194窟的菩萨和天王像。天王就如同一位咧嘴大笑的常胜将军，而菩萨则展示了盛唐以"胖"为美的真谛（吴健2003年摄）

我完全折服于塑匠高超的技艺，感觉龛中所站立的并不是塑像，而是静止于时光中的盛唐人物。也许我再上前一步，伸手戳破那时空的封印，他们便会又活了过来，跟我聊起敦煌往事。在莫高窟看了如此多精彩的塑像，今天的我已经不太在乎像与不像，美与不美。我更在乎究竟是什么样的口，可以发出无声的惊雷；是什么样的耳，可以听见心底的微音；是什么样的眼，可以穿越千年依旧如炬如电；而又是什么样的手，能赋予这些泥土以不死的魂灵！

莫高窟版"洗剪吹"

离开194窟之后，又顺道观摩了附近的138窟、171窟和146窟。138窟是一个很有意思的洞窟，开凿于晚唐，洞窟中心佛坛上有一组群塑，其中除了坐佛为晚唐作品之外，其余的都是清代重修，而且大多为"送子娘娘"及其眷属，因此这个洞窟又被当地人称为"送子娘娘殿"。据说清末民初，香火极旺。138窟当中的供养人像很有特点，她们衣着绚丽，姿态活泼，仿佛刚刚跃上崖壁。其中有一身女供养人双手抱着一个身穿团花肚兜的娃娃，小娃娃看起来应该未满周岁，母亲正跟孩子亲密嬉戏，仿佛作势要将他轻轻抛起一样，场景极为温馨。

盛唐171窟的佛龛当中有莫高窟不多见的《一佛五十菩萨图》，佛龛中的主佛莲座中分出了共50条枝蔓，枝上又开出莲花，莲花中有菩萨或坐或站，听佛说法。虽然壁画氧化严重，但我们依然可以追想花开盛唐的绝美景象。

开凿于五代的146窟规模宏大，壁画题材众多，其中的《劳度叉斗圣变》绘制得妙趣横生。之前在25窟看过这个题材的壁画。但146窟当中外道战败之后，皈依佛门，"剃度洗头"的场景极有喜剧感：他们或者仰面朝天作刷牙状，或者叉腿撅臀作洗头状，或者愁眉苦脸作剃发状，简直就是莫高窟版的"洗剪吹"。

看窟结束后和詹啸、老铁、郭睿婷去画家陈老师的工作室喝茶，听他讲莫高窟的故事，也拍摄一些纪录片中需要的场景。陈老师来敦煌多年，书画俱佳，涉猎广泛，辩才无碍，在佛法和艺术之间游刃有余。他对一切问题的解答都围绕着"莫向外求"这一内核展开，对于年轻人会很有启发作用。

我曾经也那么在意外在的感受和评价，那么期待获得别人的认可和帮助，但现在早已习惯了依靠自己的努力和跟从自己的内心。听着陈老师的讲述，突然间又想起了上午探究的那个神秘图案"三兔共耳"：或许它代表的就是"别人眼中的自己""自己眼中的自己"和"真实的自己"吧。这三个形象彼此融合，也相互追逐，贯穿我们的一生，永不停歇。

面壁者

今天上午敦煌研究院安排守望者集体参观正在进行数字化采集的341窟。这段时间不断看到194窟这样美轮美奂却又满目疮痍的洞窟，便越来越理解樊锦诗先生的那种危机感：莫高窟有一天是会消失的，我们今天的一切努力都是在延缓这种毁灭。而莫高窟洞窟数字化工作就是试图让所有的洞窟和艺术品在"云端"获得永生。当有一天它们真的在时间或者意外中消逝，地球村的族人们依然能够通过"数字洞窟"，遥望这个曾经璀璨无匹的文化圣地和艺术殿堂。

洞窟采集的绝世武功

341窟中架满了设备，正在对南壁的巨型经变画进行图像采集。洞窟工作人员是位年轻的女士，她为我们介绍了整个数字化采集工作流程。我很熟悉影像后期处理软件，所以一眼看出洞窟数字化过程暗含了两门"绝世武功"。

首先是"化整为零"大法。主要是将一台高像素的数码相机，安放在可以稳定平移的轨道上，然后对洞窟进行全方位的拍摄。在拍摄过程当中需要特别注意素材焦点是否清晰，曝光是否精准，整个壁画的光照是否均匀和谐，这些都会直接影响到后期的成像质量。同时，前后拍摄的两张照片一定要达到一定的重复度，这样才能方便后期拼接成为完整画面。

第二门绝世武功就是"化零为整"大法。我曾在《笑傲江湖》中的"桃谷六仙"口中听说过这项绝技。它主要是将前期已经拍摄好的碎片式的洞窟画面，在电脑当中按照实景，进行拼接，之后通过纠错、校色等复杂技巧，最终形成对洞窟全景的真实还原。这门功夫相当繁琐，施展起来比"化整为零"大法所花时间多出了三四倍。

洞窟现场的工作人员告诉我们，一个中型洞窟的数字化采集大概需要七八个月的时间，而他们每天需要在昏暗的洞窟当中持续工作七八个小时。听到这样的工作强度和生活节奏，不禁对洞窟工作人员心生敬佩。我想，在花一样的年纪，如果心底没有热爱，恐怕是很难在这样单调的工作中坚持下去的吧。

云 游 敦 煌

其实洞窟工作早已经有了丰硕成果，据说他们团队目前已经完成了近300个洞窟的数字化采集工作。在几年之前，敦煌研究院就已经推出了"数字敦煌"网站（e-dunhuang.com），目前免费展出了莫高窟和榆林窟的30个绝美洞窟。这些洞窟来自10个朝代，共有4 430平方米壁画，内容异常丰富，让所有人都可以在家"云游敦煌"。

守望生活开始之前，我经常宅在家里通过"数字敦煌"一慰"相思之苦"。网站上的数字洞窟都是精心挑选的，包括了一些不对外开放的洞窟，比如《五百强盗成佛图》所在的285窟、"盛唐美人"所在的194窟、最经典"反弹琵琶"所在的112窟，和"千手千眼观音"所在的3窟；以及不少经典特窟，比如"最美菩萨"居住的57窟、"大唐胡旋舞"舞动的220窟、满壁"青绿山水"的217窟，等等。

观赏数字洞窟有着极强的身临其境的感觉，可以随心所欲地转换观看视角，比在实际洞窟当中能更清晰地观看到洞窟的角落和壁画的细节，而且不收门票，没有时间限制，实在是宅男宅女和文博爱好者们居家必备的"福利项目"。

341窟的绝美天宫

既然来到了341窟，当然不能放弃大饱眼福的机会。这个洞窟开凿于唐代，虽然佛龛内的塑像都经过了清代重修，但是全窟的壁画基本都是原作。尤其是南北两壁通壁绘制的《弥勒经变》和《阿弥陀经变》场景宏大，殿宇别致，让我们能够从中窥见大唐盛世皇宫或者庙宇的建筑之美。

《弥勒经变》上部画出的天宫建筑群颇为奇特。整座天宫由正中大殿和两侧楼阁组成，殿宇楼阁之间有弧形连廊相接。大殿是一座很少见的八角殿，这让我想到了女皇武则天所造的著名建筑"明堂"，最近这几年多部以武周时期为背景的热播电影电视剧中，都有这座"超级建筑"的身影。它几经修改重建，史书记载它最后成为"平座上置八角楼，楼上有八龙腾身捧火珠"的新颖样式。我想这位画师可能有过寓居神都洛阳的经历，也仰望过那座云中殿宇，当他西来敦煌之后，便将他的旧日生活和神都的标志一同画入了他的作品之中。

中国现存最早的木构建筑是山西五台山的南禅寺大殿。它重建于

▲ 南禅寺大殿是中国现存最早的大木构建筑。殿内有17尊唐代塑像，姿态自然，表情逼真，堪称艺术珍品。

唐代建中三年（782年），这个时候的大唐早已经在安史之乱中千疮百孔。就在南禅寺重建的这一年，淮西节度使李希烈自称天下都元帅，联合其他藩镇公然反叛；准备调兵剿灭李希烈的唐德宗却又遭遇了泾原兵变，只能仓皇逃离长安。那些大唐盛世的恢宏建筑大多都在这样的硝烟战火当中化为了尘埃。而今天的我们，也只能通过敦煌壁画去眺望那些往日繁华了。

"心事博物馆"

下午前往231窟观摩壁画修复。这是中唐吐蕃统治时期所开凿的著名的"阴家窟"，艺术和历史价值都非常高。在南壁的《观无量寿经变》中，可以看到人民群众喜闻乐见的"反弹琵琶"；在北壁的《弥勒经变》中，画工描绘出了境界开阔的吐蕃殿宇。

　　而我停留时间最长的是位于东壁上的那幅供养人像。由于洞窟正在修复，我可以上到洞窟内搭建的二层平台上更近距离地观摩。壁画上一对夫妇隔着牌位，相对跪坐。男人身着朱衣，手持香炉；女人身着团花衫，下穿莲瓣纹长裙。两人身边都有侍者捧花而立。这样有真实生活场景感的供养人像，似乎之前看到的还不多。

　　我一直对莫高窟壁画中的供养人像有一种特殊的感觉。跟那些宝相庄严但终究虚无缥缈的佛陀、菩萨不同，供养人是曾在这个世界上努力活过的有血有肉的人。他们跟我们一样，饱经喜怒哀乐，饱尝酸甜苦辣，有过生命的高光瞬间，也有过人生的至暗时刻。

　　我想，他们不仅仅是出钱出力来修建了这些洞窟，也一定将那些"不足为外人道"的心事，都告诉了他们所供养的神佛。今天留存下来的每一个洞窟，都是一座"心事博物馆"，只可惜因为题记的湮灭、图像的漫漶、墙体的脱落，我们能够解读出来的东西已太少太少。

壁 画 病 了

　　231窟当中已经搭满了脚手架和楼梯，摇身一变成为了"洞窟ICU"，因为231窟中的很多壁画都病了，需要马上抢救。几位壁画修复师正面对岩壁坐着，全神贯注地实施着精妙"手术"。面前的壁画表层出现了严重的龟裂，有的地方已经卷曲翘起，仿佛片片鱼鳞。这正是壁画致命病症之一的"起甲"，如果不及时抢救，颜料层最终会全部脱落，壁画的生命也就此终结。因此这种看起来像是"牛皮癣"的疾病，实际是一种致命的"皮肤癌"。

　　壁画修复师们告诉我们，"起甲"还并不是最可怕的，另一种更为

▲ 敦煌研究院的壁画修复人员正在洞窟中修复"生病"的壁画。画面上方的壁画已经有大面积的脱落。（敦煌研究院供图）

致命的病症叫做"酥碱"——整个壁画就仿佛中了阴毒的"化骨绵掌"，泥层产生了酥松、粉化，并逐渐脱落。这是一种致命性的"骨质疏松"，之前我们在一些洞窟看到的壁画下部开始出现的泥层脱落，就是这种疾病导致的。如果不及时处理，疾病就会蔓延，让整个壁画完全脱落，化作一抔黄土。

壁画的第三种致命疾病叫做"空鼓"，也就是壁画地仗层与洞窟石壁之间出现了空洞，产生了局部分离，这就像是壁画"身体被掏空"，形成了

"肿瘤"。如不及时治疗，很可能导致壁画脱落。

每一种病症的治疗方案都凝聚着无数莫高人数十年的心血，而每一个治疗过程都相当繁琐和漫长，因为所面对的是一群不会说话的"敦煌病人"。壁画修复师们用毛笔除尘，用针头注射黏结剂，用镜头纸轻轻按压，将那些"起甲"的颜料层，一点一点恢复原状。估计一个整天只能抢救回很小一块壁画，而他们所面临的是一面又一面的崖壁，一个接一个的洞窟。

他们和341窟当中那些每天从事洞窟数字化采集的团队一样，都是令人肃然起敬的"面壁者"，没有他们的默默付出，将会有越来越多的洞窟永远离开我们的视野。因此当我们走进洞窟或者打开网站，欣赏那些绝美艺术的时候，不要忘记除了那些"民间艺人"之外，还有一群同样不知名姓的"面壁者"，给了那些壁画全新的生命。

把自己的青春留在洞窟，告别狂放自由的生活，选择看似单调乏味的工作，但同时也把自己的生命写进一段不朽的传奇当中，如果是你，你愿意吗？

第三十七天 | 7月7日

鸣沙星河

　　早晨没有去为游客们讲解，项目组安排我背上相机，穿梭于洞窟之间，为守望者们定格一些瞬间。也许这一生我们就只有这一次机会，能够在莫高窟为五湖四海的人们讲述敦煌。但转眼之间，这段日子已经"余额不足"。

　　这也是我第一次以旁观者的角度，来观察守望者。407窟里，老铁用德语为一位德国教授全家介绍着德国教堂中出现过的"三兔共耳"图案；23窟门口，蔡一晨和一位头戴斗笠的佛教人士正热烈讨论着佛法和艺术；崖壁栈道上，张春晓老师把游客们都带成了紧随其后好学听话的学生；而戴着墨镜从藏经洞走来的杨翻，在游客们的簇拥下走出了"炸街"的气势。每个人的表现都很精彩，已经从曾经的顾此失彼变为今天的从容不迫了。虽然我没有办法看见镜头中的自己，但我想那也应该是一张写满了热爱的面孔吧。在不知不觉之中，敦煌已经让我们变成了更好的自己。

　　在人家带队进入洞窟的时候，我也将镜头对准了游客，捕捉了一些莫高窟众生态。一个小女生在林荫道上独自起舞，不知道她是不是正在模仿刚从洞窟中看见的奇幻舞姿；一个小男孩从栈道拥挤的人群中探出头来，不知道他是不是正在思索着父母带他来到这里的原因；一位老先生坐在轮椅上遥望着崖壁，不知道是什么样的不解之缘，让他不顾腿脚不便也要来到这里；两个身着汉服的女士正在为她们的"粉丝"现场直播，不知道这场直播的主题会不会叫做"梦回大唐"。但我知道的是，每一天无数人带着完全不同的期待来到这个神奇的地方，看见过去，看见梦想，也看见平凡但并不平庸的自己。

"辣眼睛"的《出恭图》

完成摄影工作，继续结伴看窟。大家都希望在守望生活结束之前，尽可能多地解锁洞窟。今天机缘巧合，我们进入了开凿于北周时期的不开放洞窟290窟。这是个典型的人字披结合中心塔柱的小型洞窟。当我们绕塔观像的时候，几乎就是和菩萨们擦肩而过，她们眼波流动、鼻息可闻。四壁飞天环绕，成群结队，呼朋引伴，载歌载舞，据说多达156身，是莫高窟飞天最多的洞窟。

290窟最大亮点是窟顶前部人字披上所绘制的佛传连环故事画。在之前的329窟，我已经欣赏过描绘非常精美的佛传故事画——《乘象入胎》和《夜半逾城》（详见第二十三天日记），但它们只是截取了两个最有代表性的时刻来展示佛陀的一生。而290窟的连环画则是一幅有着87个情节的鸿篇巨制，完整地描绘了释迦牟尼从出生到出家的全过程。

跟随这些画面，我看见菩萨乘着白象入梦投胎，佛母摩耶夫人怀孕并生下悉达多太子，之后有"九龙吐水"为太子盥洗身体；看见悉达多在皇宫中健康成长，聪明好学，文武双全，并迎娶了美丽的公主；

看见悉达多某一天外出游玩，在四个城门分别遇见了"老、病、死、僧"，深受震撼，决意寻找摆脱轮回之法，并在一天夜晚逾城而去，出家修道，最终超凡入圣，成为万人景仰的佛陀。

我还在这幅佛传连环画当中发现了很多妙趣横生的古代生活场景。比如那一场紧张刺激的"摔跤比赛"：两名摔跤手赤裸上身，只穿短裤，体型健美。一旁还有裁判站立。其中一人已占上风，正欲将对手摔翻在地，展现出悉达多太子天赋异禀、战无不胜的场景。而更为有名的是那幅《出恭图》，

▼ 莫高窟290窟的佛传故事画当中画出了古代蹲厕的场景。这个略为"辣眼睛"的画面，其实是在讲诉释迦牟尼诞生时出现的三十二种异象之一——臭处更香。（余生吉 2001 年摄）

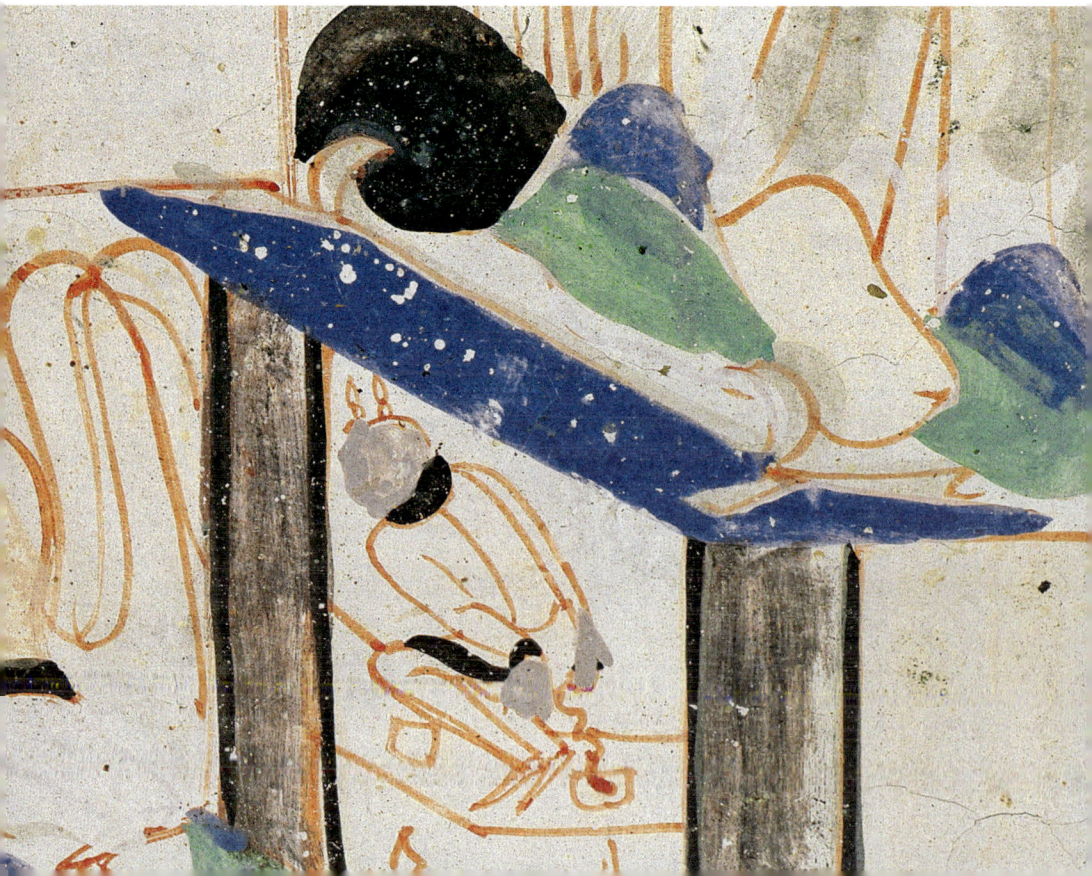

描绘出了一个人正蹲在厕所当中"解大手"的情况。我看到这幅过于写实的图画时，确实有种"辣眼睛"的感觉。画师为什么要画出这样不忍直视的图像呢？原来是为了展现释迦牟尼降生之时出现的三十二种"瑞象"之一的"臭处更香"：当佛降生的时候，就连厕所这样臭不可闻的地方，也立刻变得香风扑鼻了。

穿"犊鼻裤"的童子天人

我接着陆续观摩了之前漏看或者印象不深的66窟、314窟和397窟。开凿于盛唐的66窟当中，保留了7身彩塑，虽然经过清代重绘，但用色并没有过于艳俗，身形和眉眼间依然保留了比较浓郁的唐风。开凿于隋代的314窟，藻井图案颇有特色，正中为一朵盛开的莲花，四角各有一身端坐于莲座之上的化生童子，手持莲花，生动可爱。四个童子之间再用缠枝纹装饰，连绵不绝，又富于变化。配色上以橙蓝相杂，形成冷暖相依的视觉效果。最有趣的是童子身着"犊鼻裤"，这是中国古代最早出现的连裆短裤。

最后进入的隋代397窟中，有熟悉的佛传壁画《乘象入胎》和《夜半逾城》，构图方式、图像内容都跟329窟龛顶中的同题材类似。个人感觉描摹的细腻程度不及329窟，我在《夜半逾城》中，发现一位托举起太子白马的天人状若童子，袒露上身，下身竟然也穿着状如牛鼻的犊鼻裤。

连续看到这条特色短裤，让我想起了一个有趣的故事。西汉时期四川籍的风流才子司马相如用一曲《凤求凰》拐走了富二代美女卓文君之后，不被大富豪岳父卓王孙认可，于是夫妻二人"下海开店"，卓文君当垆卖酒，而司马相如就穿着这种"犊鼻裤"，和佣人仆役们一起在闹市中洗涤酒器。《史记》对此记载："相如与（卓文君）俱之临邛，

▲ 源于莫高窟314窟藻井图案的创意设计。莲座之上穿犊鼻裤的化生童子非常可爱。（来自图虫）

尽卖其车骑，买一酒舍酤酒，而令文君当垆。相如身自着犊鼻裈，与保庸杂作，涤器于市中。"在才子佳人的"双剑合璧"之下，最终卓王孙认怂，接受了女儿的婚姻，送出了大量的嫁妆，由此也可见犊鼻裤的巨大威力。

鸣沙山之夜

接近黄昏，怒吼的沙地摩托将我们带到了鸣沙山不为人知的山腰处。眼前是郁郁葱葱的敦煌绿洲，背后是连绵起伏的金色沙丘，天空湛蓝，浮云来去，阳光不浓不淡。餐桌布置在沙丘之下，白色的台布，橘红的花朵，五色的水果，还有红酒和相视一笑。这是央视"大敦煌"纪录片相关章节的最后一天拍摄和杀青晚宴，老铁、王实、郭睿婷和我有幸参与其中。

巨大的山丘和它曼妙的曲线激发了众人的攀登欲，于是我们踩着绵软的沙子，爬两步滑一步，就这样一路向上攀登。累了便翻身躺在沙坡之上，任风拂过，看天看云。在体力即将耗尽之时，手脚并用之后，我们终于站上了峰巅。沙丘的另外一面依然是沙丘，只是没有了阳光的照射，失去了色彩，像内心深处的某些角落。我们跨坐在沙脊之上，仿佛是敦煌壁画之中骑龙仙人，正遨游于蓝色虚空之中。

日暮降临，大家俯冲下沙丘，围坐于琳琅满目的桌前。四下寂静，别无他人，山脚下的小城也褪去了喧嚣，仿佛是有人刚刚画出了这天地，还有我们。夕阳挑染了流云和归鸟，将最后一缕光投入酒杯，留下一个橘紫灰蓝的天空。所有人不约而同举起了红酒，敬这落日、沙丘，敬这孤城、神佛，敬这段无与伦比的生活，还有每个人眼里的光。

暮色四合，篝火燃起，映照脸庞，我们情不自禁说到了丝路，聊

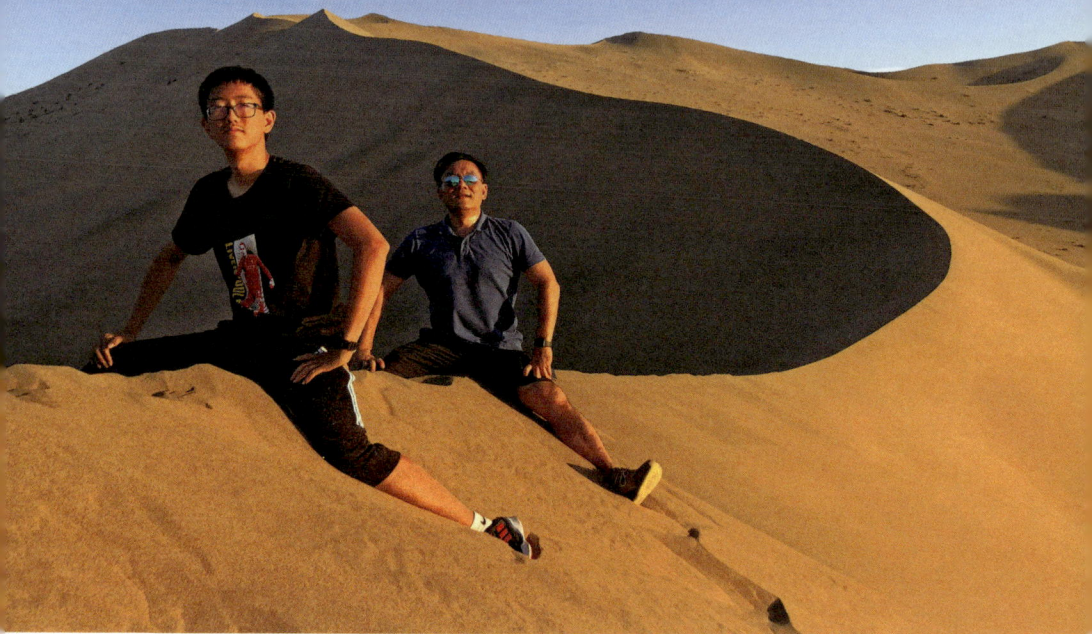

▲ 守望者伙伴王实和老铁骑坐在鸣沙山巨大的沙脊上，仿佛是敦煌壁画中的骑龙仙人。

起了敦煌，以及这段时光对于各自生命的意义。守望活动结束之后，年轻的王实和郭睿婷都将飞去美国，继续大学生活，未来他们一定会成为优秀的学者和插画家；而我和老铁也将返回江南，守着中年人倔强的梦想，去完成曾许下的承诺。我们的生活因为敦煌而交汇，也会因为敦煌而变得不同。

不知不觉，已至午夜。繁星流动，银河升起于沙丘之上。我伫立寂静黑夜之中，仰望苍穹，感觉这亿万星辰如同亿万眼睛，能看见心底的每个角落，我的自信、自悲、自鸣得意和自怨自艾。似乎那些认不认识或者想不想承认的每一个自己，在这一刻都无可遁形。

许多年之后，不管身在何处，过着哪种生活，我一定会想起这个遥远的午夜，在璀璨无匹的星河之下，我浑身是沙，却干净透明。

舍身饲虎

　　三危山下宕泉河边沙丘之上，有一小片静寂墓园，这里长眠着以常书鸿和段文杰先生为代表的敦煌研究院的先行者们。今天，我们带着鲜花和敬意来看望他们，也同他们告别。

莫 高 墓 园

　　这里唯一有仪式感的东西也许就是那数十级台阶，仿佛通往灵魂高举的地方。拾级而上，来到墓园，入目的是朴素的墓碑，就如同他们当初在敦煌的生活一般。但正是这种朴素，让他们与这山河，与这石窟，融为了一体。

　　我们将鲜花放在了常书鸿先生的墓前，之后在每一块墓碑前鞠躬，不管对他们的名字是异常熟悉还是稍显陌生。看着墓碑上的名字，我也在想，这到底是一群什么样的人呢？答案复杂却也简单。他们就是那群住在马厩改成的宿舍、喝着宕泉河中的苦水、常年吃着没有配菜的面条，却依然每天清理流沙、加固洞窟的人；他们就是那群生病了却没有药，想进城却没有车，经常领不到工资，却依然每天临摹壁画、修复塑像的人；他们就是那群早晨可能遇见沙暴、下午可能遇见盗匪、晚上可能遇见饿狼，却把一辈子都留在了这里的人。

虽然这些先行者们在莫高窟的生活条件非常艰苦，但很多人都很长寿。比如常书鸿先生去世的时候90岁，段文杰先生得享94岁高寿，而我们敬爱的樊奶奶今年已经83岁，依然身体硬朗、精神矍铄。也许把物质欲望降到最低，在美当中获得更高级的滋养，在艺术之中找到心灵的强援，生命简单而丰盈，就是长寿的真正秘诀吧。

与老先生们告别之后，我转身回望鸣沙山，莫高窟和九层楼近在眼前。这是最好的地方，也是最好的安排。因为对一个人最大的敬意，就是让他和他最爱的东西永远在一起。

慈 氏 之 塔

回到窟区，继续带了一拨游客，今天特意在讲解当中加入了关于"莫高精神"的一些内容。我觉得这也是他们来到敦煌，看到了千年之前的生活，沉浸于艺术的享受之后，同样应该带走的东西。游客中有位资深的文博爱好者询问我慈氏塔的位置，这也让我想起好久没去探望这座寂寞古塔了。下团之后，我带着这位游客来到九层楼北侧杨树林当中。

这座木塔被专家推断建造于五代或宋初，原本位于三危山顶的废弃寺庙当中。20世纪80年代，为了保护这件珍贵文物，人们费尽心力，将它完好无损地搬迁到了莫高窟窟前。木塔外形小巧玲珑，非常奇特，以至于我第一次见到它的时候，认为它是一座单檐八角亭。但是它正门上方悬挂的方匾又明白无误地写着"慈氏之塔"。"慈氏"，就是弥勒。"弥勒"两字是梵语Maitreya的音译，而意译就是"慈氏"，因为弥勒有对一切众生都不起杀想、不食众生肉的广大慈心。土坯砌筑的塔室正中画有弥勒菩萨，左右还有文殊和普贤像；塔室之外四个方向塑有四身天王护持。

在莫高窟众多石窟面前，这座隐于林中的小木塔似乎很不起眼，每天无数的游人从它的身边经过，却很少有人停留观赏。但其实慈氏塔并不平凡，作为木塔，它的历史很可能比大名鼎鼎的应县木塔更为久远；而如果把它看作一座亭子，它又是目前国内能见到的最早实物。

看着阳光下透露着沧桑古朴之美的慈氏塔，我

▼ 慈氏塔的斗拱结构很有特色，出跳的华拱拱头都做成昂形，昂嘴为唐代常见的"批竹昂"样式，极具古朴之意，展现了木塔久远的历史。

▲ 佛宫寺释迦塔，俗称应县木塔，建于辽清宁二年（宋至和三年，1056年），是世界上仅存最高大的木塔。

又想到了那群长眠于沙丘之上的先行者们，他们是如此相似：都从别处而来，把所有的高光和荣耀都让给了莫高窟，自己却甘于平凡，就在那白杨掩映的地方，默默无语地守望着735个珍贵洞窟。

蓝色的254窟

送别了游客，照例约上老铁去看窟。今天终于解锁了开凿于北魏时期的特窟254窟，洞窟目前正在维修，搭着脚手架，却给了我们一个全新的视角去观赏这处精妙绝伦的文化遗存。一走进254窟，我就感觉到整个洞窟都发出了蓝色的微光，仿佛是置身于银河深处的一个小宇宙之中。

洞窟采用的是北朝最流行的人字披结合中心塔柱的形式。所有的塑像和壁画都是1 500年前的北魏原作，展现着那个时代最伟大的艺术创造力。我们迫不及待绕塔一周，整体观摩四壁和塔身佛龛之中的塑像及壁画。之后上到脚手架搭起来的第二层，这个奇异的观摩视角，让我能够平视位于洞窟上部的菩萨。我发现这里也有在259窟当中学习过的阙形龛，龛中是刚在慈氏塔中见过的弥勒菩萨，但254窟的阙形龛更为完整精美。弥勒菩萨头戴宝冠，腰系长裙，交脚而坐，一手抚膝，一手前举，他似乎嘴唇轻动，正对我说着些什么。但可惜我不懂"唇语"，无法领会其中的真义。

在这种与洞窟无限接近的观看当中，我在某一个瞬间，突然有了想要伸出舌头舔一舔窟顶的冲动。但最终还是忍住了，我不敢损伤这些国宝，也怕身边的弥勒菩萨笑我。

当我走到二层前部"人字披"位置，近距离欣赏工匠模拟木建筑塑出的横梁和椽子的时候，却在不经意间发现了洞窟顶部北魏时期留下来的实木斗拱，经历 1 500 年，依然完好如初。斗拱是中国传统汉式木建筑当中的关键支撑构件，正是它默默撑起了华丽宏伟的屋檐，让中国的古建筑展现出"如鸟斯革，如翚斯飞"之美。而在这一瞬间，它却让我又想到了那群扛起莫高窟默默前行的人。

舍 身 饲 虎

回到下层，我走到这个洞窟最为精彩的地方——南壁，仔细观赏这里相邻的两幅伟大壁画《舍身饲虎》和《降魔成道》。位于西侧的《舍身饲虎》讲述的是萨埵太子自我牺牲的故事。我们跟随着画工的笔触，回到了那个故事发生的现场。

那是阳光明媚的一天，萨埵太子与两位哥哥出门游玩，路遇一只已饿得奄奄一息的母虎和几只嗷嗷待哺的幼虎。萨埵心生怜悯，决意舍身救虎。他支开兄长，跳下山崖，将自己作为食物，横卧在母虎身边。但是母虎因为过度饥饿，身体虚弱，连吃人的力气都没有了，于是萨埵重回山崖之上，用竹箭刺喉，让鲜血涌出，然后纵身跳下，让母虎可以舔舐鲜血，恢复生气，再将他吃掉。等他的两位兄长闻声而来，找到他时，他已经化作了白骨。他们泪作倾盆，将遗骨带回了皇宫。在白发母亲的怀抱之中，萨埵又恢复了完整的肉身。最终，人们修建了佛塔纪念他舍身饲虎的功德。而在萨埵舍身的地方，一只幼虎正抬头吸吮着母亲的乳汁，萨埵伟大的生命在这里得到延续。

这幅壁画不仅仅是故事情节震撼人心，在艺术手法上也很有特色。画师创造性地将时空相异的多个情节完美地整合在了同一画面当中。这也让不同时空之中的萨埵产生了自我交流，我仿佛听到"纵身跳崖"的萨埵与身边"以竹刺喉"的萨埵正轻声问答："你后悔了吗？""我没有！"

萨埵太子所代表的显然是一种极致的自我牺牲精神。而这可能也正是我们这个世界已经日益稀缺的东西。我们当然并不鼓励像萨埵一样牺牲生命，但我们也应该知道，这世界还有很多的人和事，值得我们去牺牲精力和金钱，去付出爱和深情。

降 魔 成 道

在《舍身饲虎》的东侧，是同样精彩而规模更为宏大的《降魔成道》。这幅壁画同样采用了"异时同图"的画法，表现了在释迦牟尼即将成道的关键时刻击退妖魔的情景。我看见魔王波旬携十支魔军铺天盖地而来，将释迦牟尼团团围住。波旬首先派出了他的三个妖艳的女儿，她们向释迦牟尼殷勤献媚，企图以女色诱惑，破其道心。但释迦牟尼深心寂定，不为所动，并用大神通力将魔女全部变为了丑陋老妇。接着魔王又派出了妖魔鬼怪，手持各种兵刃，疯狂攻来。释迦牟尼神情自若，他一手轻轻捻起衣襟，一手施降魔印，顷刻之间便将魔军打得四散溃逃。最终魔王皈依，而释迦成佛。

在没有开始守望者生活之前，我就已经多次看过《降魔成道》的故事。它是释迦牟尼修行路上的终极考验。一些佛经记载，三位魔女的名字分别为渴望、憎恨和爱欲，而十支魔军称为贪、厌、饿、渴、欲、懒、惧、疑、怒、骄。由此可知，释迦牟尼最终要降服的其实就是"心魔"。只有破除心魔，释迦牟尼才能完成从普通人到觉悟者（佛）的大转变。而对于我们这样的一介凡夫来说，降服心魔也依然至关重要——只有控制自身的欲望，才能通向精彩人生。

从常书鸿到"敦煌守护神"

数十年前在这个洞窟，曾经有一个身影比我更长久地凝视过这壁

▲ 九层楼前的一块巨型背景板。正中画出的正是常书鸿先生正在临摹254窟《舍身饲虎》壁画的情景。

画，也有着更刻骨铭心的体悟。他就是常书鸿先生。20世纪40年代，他放弃了在法国的优渥生活，携家带口来到了偏远艰苦的敦煌，开始了一段完全不同的人生旅程。

1945年一个夏日，当他正在254窟中临摹那幅著名的《舍身饲虎》壁画时，他的第一任妻子陈芝秀终于无法忍受莫高窟艰苦而单调的生活，选择离他而去。他策马狂追，遍寻不见，几乎死于沙漠。被人救回之后，常书鸿先生昏睡了数日，重新回到

254窟之中，凝视良久，拿起画笔，继续对《舍身饲虎》这幅壁画进行临摹和再造。

我想在重新拿起画笔的那一刻，他眼中的光芒应该与眼角的泪痕同在。那一刻，他一定真正读懂了萨埵太子，领悟了"以身饲虎"背后的极致精神；那一刻，他一定理解了那不是造化弄人，而是为了莫高窟的新生，必须付出的自我牺牲；那一刻，他以身入画，完成杰作，也"降服心魔"，从此再无畏惧，坦荡前行，真正变成了世人景仰的"敦煌守护神"。

而在这一刻，我似乎也真正理解了开营仪式上，赵声良院长对我们说的那番意味深长的话。

神秘北区

　　今天是守望者们在莫高窟带团讲解的最后一天，所以我起床之后特意沐浴更衣，并梳了一个有仪式感的发型，早早就到小牌坊等待上岗，希望能够给自己短暂的莫高窟讲解生涯画上一个圆满的句号。

最后一次讲解

　　带领最后一批游客进入窟区之后，我惊喜地发现，调度人员随机分配的游客当中竟然有三个人来自我居住的苏州角直古镇。这段日子以来，我一直都在寻找江南与敦煌的联系，这样的相遇也许是再好不过的安排了。另外有一位一直关注"敦煌文化守望者"项目的大学生，目前在华东师范大学学习历史，他对守望者们都有所了解，竟然知道我在苏州有一座光影墅。还有一组家庭来自南通，孩子刚上初中，对于历史和文化极有兴趣，谈吐当中能感觉到涉猎不少，颇有几分"小王实"的感觉。这样的游客组合对我的最后一次讲解来说，既有地理上的近邻，又有项目上的"粉丝"，还有文化上的未来，已经几近完美了。

我为最后一个团精心设计了一条线路，在这条线路当中，除了必去的17窟和96窟之外，还有323窟中的"壁上江南"、328窟中的"绝世唐塑"、390窟中的"环壁飞天"、61窟中的"五台佛光"、259窟中的"最美禅定佛"、249窟中的"满天神佛"，等等。在每一个窟的讲解中，我都附带上对一个或一组历史人物的介绍，并和大家互动讨论，比如323窟中的汉武帝和张骞，328窟中的美国人华尔纳，390窟中的隋炀帝，61窟中的梁思成和林徽因，259窟中的北魏孝文帝和冯太后，249窟中的东阳王元荣。我希望在这种历史的穿梭当中，将我这四十天感受最深的东西分享给他们。

我想让他们看得到千年之前，我们的先辈是如何平凡生活着的，并以此为傲；我想让他们感受得到洞窟背后的历史风云，并以此为鉴；我想让他们欣赏到千年之间艺术的流变，并以此为美；我想让他们体会到那种忘我甚至自我牺牲的精神，并以此为援；我更希望帮助他们发现敦煌与自身的联系，感觉到敦煌的温度，并以此为起点，心灵脱缰而去，自由驰骋于千里之外，千年之间。

我不知道这样的旅行能够带给他们的是什么，但对自己而言，我已经用尽全力在记忆的岩壁上刻下了最深的印迹，永远不会磨灭。

看见我们的一生

因为明天就需要将钥匙卡交回，也就不会再有机会随意进出各个洞窟了，所以在带团结束之后，大家都抓紧时间"巡窟"，试图发现所有的"遗珠"，也同每一位"洞窟朋友"提前告别。一个多月的相处，已经让我们和莫高窟的洞窟们成为了"忘年之交"，甚至每当我看到一个两位或三位数字的时候，比如门牌号、公共汽车线路号，等等，总会条件反射地思考一下，这个编号的洞窟是否进去过，有何精彩。这也是敦煌留给我的一种生命印迹吧。

我跟57窟中的最美菩萨、237窟中的反弹琵琶告别；跟409窟中的回鹘国王、61窟中的于阗王后、45窟中的粟特商人们告别；跟420窟中的"展子虔"、103窟中的"吴道子"、220窟中的"阎立本"、23窟中的"大小李将军"告别；也跟壁画中所有的"小人物"和创造出一切的"民间艺人"们告别。走过130窟的时候，这里依然在封闭维修，没能进入。我想起了江南诗人张球，也在心中默默

▼ 莫高窟130窟窟檐和风铃。这次守望生活跟这个洞窟缘悭一面了。留下一些遗憾，也就多了一个重返莫高窟的理由。

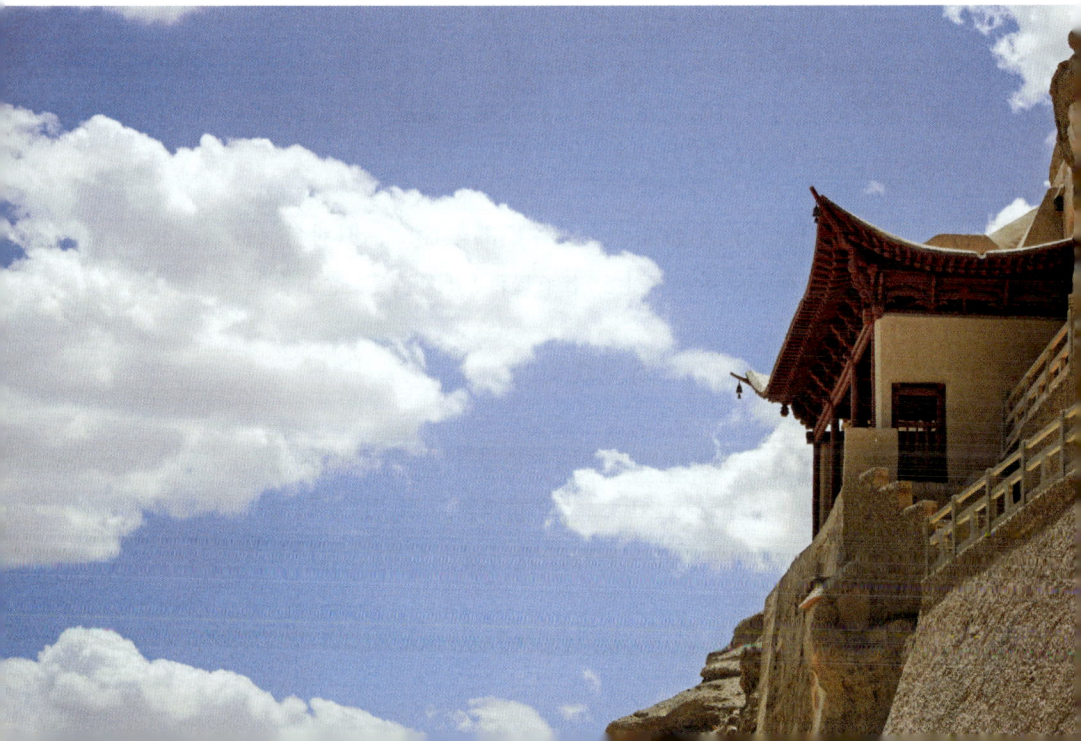

同他作别：我很快就会回到他朝思暮想的江南了，那里依然山明水秀，诗意不改。

穿行在这些经典洞窟之中，我脑海中突然浮现出了很多壁画情节，它们从混乱走向有序，慢慢组成了我们的一生。在156窟的《父母恩重经变》中，我看见童车中咿咿呀呀的我们。在220窟的《西方净土变》里，我们已长成活泼可爱的孩童。419窟中阿难那张青涩的脸庞，是我们白衣飘飘的青春时代。45窟的《观音经变》留下了我们两情相悦的热恋时光。445窟宾客云集的"青庐"内，不就是我们那场温馨盛大的婚礼吗？138窟的供养人像中，作势抛起的不就是我们的宝贝孩子吗？156窟的《张议潮统军出行图》中，马上之人功成名就。202窟的《弥勒经变》里，入墓之人垂垂老矣。最后，在148窟《涅槃经变》的那场盛大出殡上，我见到了我们共同的归宿。

这是每一个人都在经历着的生命轮回。与伟大的莫高窟相比，它显得那么短暂而匆忙，如同敦煌的雨。我们没有办法跳出生命的轮回，但却可以跳出它的平庸和乏味；我们没有办法增加生命的长度，但可以拓展它的深度和厚度。而这，或许就是所有守望者不远千里来到敦煌的真正原因吧。

走 进 北 区

下午，守望者集体参观了莫高窟暂时没对游客开放的北区。走入其中，扑面而来的就是一种苍凉之感。山顶是残损的土塔，窟前是干涸的河床，洞窟散布在崖体之上，连接洞窟的栈道都已损毁，但沿着宕泉河边的游览步道修葺一新。据说敦煌研究院曾有开放北区给游客参观的计划，但因故一直未能实施。

▲ 莫高窟暂未对游客开放的北区。在莫高窟北区出土了汉文、藏文、西夏文、回鹘文、阿拉伯文、八思巴文等多种文字写成的古代文献。其中不少是孤品珍本，如西夏文《碎金》《地藏菩萨本愿经》等。

北区现存248个洞窟，绝大部分都是僧人修行悟道的禅窟、生活起居的僧房窟，以及去世之后停放遗体的瘗埋窟。我们今天的参观也不能进入到这些洞窟之内，只能通过公开的资料介绍，了解到窟内陈设简单朴素。远望这些洞窟，仿佛能够看到千年之前，虔诚的僧侣和信徒们箪食瓢饮，青灯古佛，在简陋的生活中追求着精神上的深远境界。虽然居住在这里的很多人都没有留下名字，但他们同样是莫高窟伟大文化的参与者、见证者和传承者。

在北区出土的一些珍贵文物，让我们对这些僧人的日常有更多的了解。其中一件是《番汉合时掌中珠》残页。这本有着奇特名字的书，是西夏时期

看似简单的莫高窟北区并不缺少故事。敦煌研究
院的彭金章先生主持了北区的考古发掘，出土了
很多珍贵文物，其中包括波斯银币和西夏钱币。

所编撰的西夏文和汉文的双解词语集。全本曾由俄罗斯探险队在西夏黑水城遗址发现，现收藏于俄罗斯圣彼得堡东方学研究所。

这张残页的存在，可以让我们去想象：在眼前的这些洞窟当中，或许曾居住过一位西夏僧人，他正手捧着这本《番汉合时掌中珠》，发奋研读着手中的汉文经书，并在未来的岁月中，帮助西夏翻译出了更多的佛学经典。在北区的洞窟中还曾出土过一批墨迹斑斑的回鹘文木活字，以及一些木刻印版。这又让我们想到，在回鹘统治敦煌的短暂时期，这里或许曾经有过一座繁忙的"印经工坊"，僧人们将汉文佛经译成回鹘文，并在此印制典籍，日夜不息。

貌似荒芜的北区并不缺少故事，那些珍贵的出土文物和南区洞窟中的壁画塑像一样，让我们看见了千年之间，丝路之上，从未停歇的文化交流和民族融合。

465窟的狞厉之美

在北区也存在几个跟南区一样用于信徒们礼佛的洞窟，其中就包括大名鼎鼎的465窟。这是莫高窟735个洞窟当中唯一的藏传密教主题洞窟，一般认为开凿于元代。

我曾在其他城市的敦煌主题展览上见过465窟的壁画复制品。那是一身"上乐金刚像"，他头戴宝冠，面生三眼，颈间挂有50个头颅，双手持金刚杵和铃，拥抱着全身赤裸的明妃金刚亥母，脚下踩踏魔怪，周围有不少眷属环绕。整个壁画色彩厚重，描绘细腻，给人一种神秘莫测的感觉。在略带狰狞的形象之中又夹杂着美艳，透露出一种狞厉之美。这种观感让我想起香港电影导演吴宇森的"暴力美学"。

据说465窟全窟都是这种风格的壁画，真的很想有机会一探其秘。

当我们一行走到北区最北段的时候，看见465窟窟门洞开，不少工作人员进进出出，远远也能看到洞窟之内搭着脚手架，应该是正在维修。看来这一次是无缘得见了，不过我并不感觉到遗憾，因为此行收获已经远超预期，就留一些惊喜给重回敦煌的那一天吧。

傍晚，和几位守望者同伴聚在老杏树下，吃着李广杏，聊着莫高窟，畅谈着这段日子给我们的馈赠，也畅想着未来如何去完成对敦煌的承诺。每个人的计划都很精彩，打着极强的个人烙印。我希望回到苏州后，首先将光影墅文化空间打造成为"敦煌文化驿站"，通过敦煌书籍、公益分享、文创手作、启蒙课程等方式，让来到这里的人都能够接触并了解敦煌文化；其次，因为"在敦煌寻找江南"收获颇丰，我期待能有机会以此为主题，策划一次特别展览，将我所发现的江南与敦煌之间或明或暗的联系，精彩曲折的故事，都展示给大家，让所有人可以看见两种文化的互动与交融，也看见平凡而不平庸的人生。

明天就是守望敦煌的最后一天，我们即将告别这段难忘的日子。但我想，如果这两个计划能够完美落地，那么不管过去多久、身在何处，对我来说，都如同从来没有离开过敦煌。

再见，敦煌

早晨，结营仪式在开营的相同地点举行，我们正襟危坐，侧耳倾听。敦煌研究院的老师谈着期待，守望者的代表说着心愿，仿佛一切即将开始：我将走进洞窟，接受培训，通过考核，正式上岗，为来自世界各地的游客讲述敦煌之美。

但日历上的时间无情戳穿了我，四十天已经过去，今天就是告别的日子。那就到第二食堂最后吃一顿鸡肉焖面吧，那就去323窟最后看一眼壁上江南吧，那就和九层楼里的大佛说一声再见吧，那就在大牌坊下拍最后一张合影吧，然后把那枚写有我名字的钥匙卡擦拭干净交还组织。顺着那条来时的路，跨过那座来时的桥，坐上那辆来时的车，回到梦开始的地方。那里还有晚餐、美酒、篝火、音乐，以及熟透了的李广杏和变得更好的我们。

入夜，晚风如诉，星空在树梢之上闪烁，篝火燃起。醉眼朦胧中，穿过火焰和轻烟，我看见那一张张绯红的熟悉脸孔。四十天之前，我们受到召唤，汇聚此地。今夜之后，我们各赴西东，回归

生活。

　　酒意和夜色一并将我包围。我眼中浮现的，是百年杏树下的微笑初见，是阳关烽燧旁的一跃而起，是北魏洞窟中的安静围坐，是榆林河边的秀色可餐；口中泛起的，是合水村李广杏的香甜，是莫高窟老桑葚的微酸，是七里镇红柳烤肉的鲜美，是宕泉河祁连雪水的清苦；耳中响彻的，是禾园凌晨的洞窟内容复习声，是61窟一镜到底的解说词，是酒后黄昏的真心话大冒险，是午夜回荡的那首《夜空中最亮的星》；心中涌动的，是洞窟考核时的忐忑，是接过钥匙卡时的欣喜，是头回带客讲解时的忙乱，是最后一次回望莫高窟时的不舍。

　　这四十天，恰如同小晚有着四十种口感的红

▲ 作者在莫高窟的一片美丽树荫之中，感觉自己仿佛被千佛簇拥。

341

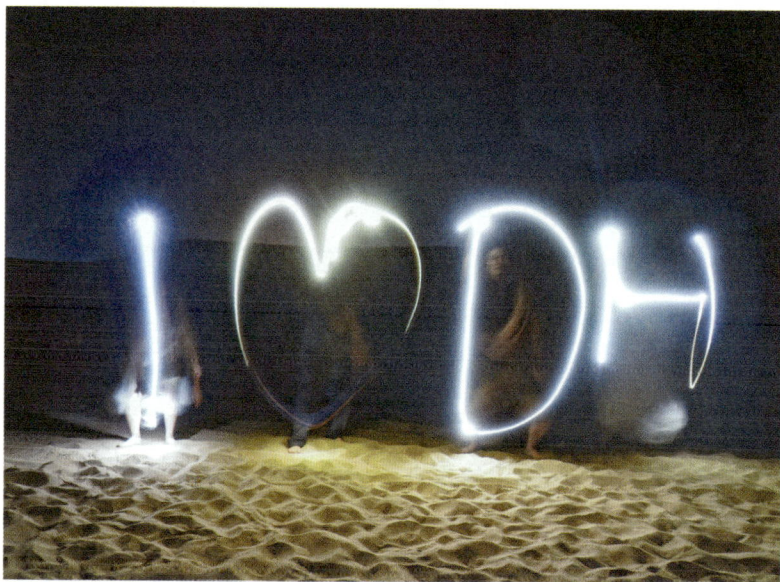

▲ "莫高""I ❤ D H（I Love Dunhuang）"。在鸣沙山的星空之下，作者用这组光绘图片来表达自己对敦煌和这段日子的热爱。

酒，值得为之一醉。因为我们这一生，也许都不会再有机会，与一群志同道合的人，为一个日思夜想的梦，来到一处无人相识的地方，开启一段朝夕相处的生活。

我会记得那些瞬间：在323窟中发现江南山水孤帆远影时的惊喜；第一次打开盛唐洞窟，让光芒照见诸天神佛时的虔诚；在恢宏壁画中看到千年之前真实生活时的震撼。我会记得那些遇见：与五湖四海的游客萍水相逢，帮他们找到与敦煌的联系；与久未谋面的朋友不期而遇，和他们一起发现洞窟之美。我会记得那些晨昏：三危山顶绚丽的落日，鸣沙山间璀璨的星河，宕泉河上巨大的圆月，九层楼前闪耀的灯火，它们与那些洞窟一样，永远震慑人心，永远神秘莫测。

在落日余晖当中踢一场酣畅淋漓的球，在清浅溪流上游找一座莲花盛开的塔，好像是回到了精力无限的年少；在小城街边喝着啤酒吃着烤串看白鸽飞过，在大佛面前踮着脚尖采摘桑葚吃得满嘴黑红，仿佛是回到阔别已久的故乡。这是幅揭不完的重层壁画，这是个醒不来的梦中之梦。

梦里不知身是客，兰舟催发。我的行囊里已装满了曼妙微笑：它来自259窟禅定佛唇边的禅悦，420窟胁侍菩萨不老的容颜，194窟盛唐美人丰盈的脸庞，以及57窟最美菩萨流转的眼波。我的行囊里已装满了曲折故事：它是萨埵太子舍身饲虎，微妙比丘尼报应不爽，小沙弥自杀守戒，还有释迦牟尼降魔成道。我的行囊里已装满了刹那领悟：了解自己的无知，学会保持敬畏，懂得控制欲望，也明白了人这一生，终究要对某些事付出深情。

此时此刻，每一次木柴的爆裂，便有一个过往的场景出现在火光之中，伴随着只有我们这些守望者才能看懂的语言："二佛并坐""香积佛国""细密精致而臻丽""救考试难"……多希望篝火不熄，星空不灭。但就连佛陀也说：一切恩爱，会有离别；一切江河，会有枯竭。我从来不是一个坚强的人，这些年岁月渐长，惯看世事，以为已修炼得心如止水，但依然会在某个瞬间不知不觉泪流满面。

半醉半醒中，又想起了最喜欢的那首敦煌曲子词：

> 五两竿头风欲平，张帆举棹觉船轻。柔橹不施停却棹，是船行。　满眼风光多闪烁，看山恰似走来迎。子细看山山不动，是船行。

轻舟已过，后会有期。

后　记

你好，很高兴你能翻开这本书，让我们有机会因为敦煌而成为朋友。

我是蒋理，四川眉山人，现居苏州。2021年5月31日到7月10日，作为"敦煌文化守望者"第三期成员，在敦煌学习、生活了四十天。

"敦煌文化守望者"是由敦煌研究院、上海交通大学、中国敦煌石窟保护研究基金会、上海交通大学文化发展基金联合推出的全球志愿者派遣项目。每年从全球报名者当中选出十人，前往敦煌接受培训和考核，成为莫高窟的正式讲解员，为来自世界各地的游客讲解洞窟。在项目结束之后，回到各自的生活当中，继续传播敦煌文化。

说起跟这个有趣项目的结缘，还要上溯到我在北京的乏味生活。寓居京城15年之后，我开始认识到并接受了自己的平凡，但却不愿意平庸地度过人生。所以决定主动改变，去经历更多，试图通过不断"折腾"，搅动生活的池水。2015年，我和爱人离开北京，移居苏州，开始了一段完全不同的人生旅程。

　　我曾经迷恋摄影，每天总想着下一个"去处"，希望看遍世间最美的风景；而随着年月渐长，又慢慢开始从关注"去处"转向"来处"，希望了解自己身处的文化是如何发展传承的，而我们的先辈在这样的文化中又曾经历过怎样的生命轮回。因此，来到苏州两年之后，我在甪直古镇上，建立了光影墅文化空间，绞尽脑汁地策划、执行着各种文艺活动，乐此不疲地挖掘、传播着江南文化，平平静静地守望着一座千年古镇。

　　当我偶然在朋友圈看到"敦煌文化守望者"活动的时候，立刻决定报名参选。敦煌是我心中的文化圣地，是这个国度独一无二的艺术遗存。它延续千年，包罗万象，历史、地理、文化、艺术、民族、宗教，神佛、帝王、英雄、凡人，都在其中熠熠生辉。我一直渴望有一天能够穿越漫天的风沙，抵达无人的清晨，亲手打开盛唐的洞窟，让第一缕光照亮诸天神佛，也照见自己。

　　经过三轮考核和两年等待之后，我终于幸运入选。与其他九位守望者一起，在敦煌度过了忙碌充实的四十天。在这段日子中，我从一个敦煌文化的爱好者，经历培训、学习、提升、考核，成为了一名合格的敦煌洞窟讲解员，拿到了那把能够打开所有洞窟的钥匙，与来自世界各地的游客一起，看见千年的生活，品味艺术之美，感悟莫高精神；在这段日子中，我也努力地去完成交给自己的另一个任务——"在敦煌寻找江南"，于壁画上、典籍中、故事里，找到我的城市、生活与敦煌之间的微妙联系。而这一切，我都写进了每天的守望日记当中，不曾间断。

　　在碎片时间里，我没有忘记手中的相机，见缝插针地记录下了不同表情的莫高窟。你刚刚读完的这本书中，未署名的现场图片几乎都由我自己拍摄和后期处理。虽然佳作寥寥，但它们是时间的切片，随时可以带我重返那些难忘的瞬间。

回到江南，我会永远是敦煌文化的传播者。我将用无数场公益讲座、文艺沙龙、读书会、工作坊以及这本由真实日记修订结集而成的小书，去实现我曾经对敦煌许下的承诺，也同所有有缘相遇的人分享：我认识的敦煌和这个名字之后的璀璨或苦难；我见过的洞窟和它们蕴含的深邃或神秘；我找到的"江南"和那些图像、歌诗中的优雅或乡愁——以及这段日子之于一个普通人的生命意义。

很期待你也能够加入到学习敦煌、保护敦煌、传播敦煌的队伍中来，同时也在这个有趣有爱的过程中，发现一个全新的自己，一个平凡但不平庸的自己。